U0583272

经济管理出版社
ECONOMY & MANAGEMENT PUBLISHING HOUSE

突破
BREAKTHROUGH

中国医药技术创新
与产业发展

扈婧 ◎ 著

图书在版编目（CIP）数据

突破：中国医药技术创新与产业发展/扈婧著．—北京：经济管理出版社，2022.12
ISBN 978-7-5096-8893-9

Ⅰ.①突⋯　Ⅱ.①扈⋯　Ⅲ.①制药工业—产业发展—研究—中国　Ⅳ.①F426.7

中国版本图书馆 CIP 数据核字（2022）第 248594 号

组稿编辑：张馨予
责任编辑：张馨予
责任印制：许　艳
责任校对：陈　颖

出版发行：经济管理出版社
　　　　　（北京市海淀区北蜂窝 8 号中雅大厦 A 座 11 层　100038）
网　　址：www. E-mp. com. cn
电　　话：（010）51915602
印　　刷：唐山玺诚印务有限公司
经　　销：新华书店
开　　本：720mm×1000mm/16
印　　张：12.25
字　　数：199 千字
版　　次：2023 年 3 月第 1 版　　2023 年 3 月第 1 次印刷
书　　号：ISBN 978-7-5096-8893-9
定　　价：88.00 元

自　序

　　我本非学医药出身，却与医药、健康及疗愈有着剪不断的缘分。自 2009 年研究生毕业起，我就在医药圈工作，至今已 13 年有余。从一开始对医药行当的懵懂，到如今的洞若观火，变化的是我的经验，不变的是中国医药产业的根本问题。我开始思考这到底是为什么，随着思考的深入，决定以"医药企业技术创新"为对象，以"提升中国医药产业创新能力"为视角，着手对本书的写作。

　　本书开篇便提出了研究问题，即现阶段我国医药产业技术创新驱动发展的现状与问题，机遇与挑战到底是什么，要符合怎样的内在发展规律？未来发展路径是什么？我国医药企业技术创新的外部影响因素有哪些，如何影响？有怎么样的影响方向？从提升本土医药产业创新能力的视角出发，如何加强创新资源的有效配置，提高企业技术创新能力和产业竞争力？这些问题并不好回答，每个问题后面还嵌套着很多小问题。

　　毋庸置疑，医药产业是复杂的。2018 年，电影《我不是药神》票房破 30 亿元，是一部口碑极佳的电影，赢得了媒体和民众的广泛关注，这部电影暗含了作为非普通消费品的一颗小药片后面的多重矛盾，传递了医药厂商与医疗关系的张力、国内医药与国际医药的张力、创新与监管的张力。近几年来，关于医药价格"灵魂砍价"的小视频在网络上流传甚广，评论区里一片叫好，但是否药价越低就越好呢？畅销书《仿制药的真相》所调查揭示的现实似乎给出了否定的证据。这种复杂性让本书遵循"质的研究"的科学范式，我深入医药产业、卫生事业的现象之中，通过亲身体验了解研发人员、企业管理者、政府的思维方式，现场收集原始资料，试图建立"情境化的""主体间性"的意义解释。陈向明教授在其著作《质的研究方法与社会科学研究》中指出，质的研究本身就追求复杂、多样、模糊，怀疑过于清晰、确定、单一的描述和解释。我认为，医药产业适合采用质的研究。

医药企业技术创新也是复杂的。医药技术创新在人类历史上出现的时期远远早于企业出现的时期。例如，在草药年代，医药技术创新的组织形式可能是基于人类的宗亲关系，近代以来的医药技术创新史上，很多重大创新产品的出现，是基于化学家、生物学家与医生的个体行为或者个体间合作行为。后来，全球范围内，企业逐渐成为医药技术创新的主体。最近几十年，医药技术创新出现了新的组织形式。企业这一组织形式有其弊端，在进行生物药的创新时，企业的边界不断被打破。面对医药企业技术创新这一不断变化的复杂事物，如何基于现实世界分析其受到哪些重要因素的作用，如何提炼现阶段对中国而言最重要的因素，如何开展对中国生物技术药企这一缺乏已有研究的领域的分析，都是本书的难点所在。

在写作过程中，我有时感受到酣畅表达灵感的快乐，有时为是否再次调整结构而纠结，有时在细节完善的沉重压力下焦虑，有时会卡在某一个地方，想不出创造性的解决方式，如怎样描述医药技术创新与医药企业技术创新的区别，怎样解释本书为什么关注医药企业外部环境，怎样用数据表示中国医药企业技术创新能力。本书的写作素材来源于两类渠道，一类是我的博士学位论文与阅读的论文及专著，另一类是与医药相关的非学术的知识源，除了上面提到的《仿制药的真相》，还有《猎药师：发现新药的人》、纪录片《尖端医疗的真相》等。既关注学术化的资料，也关注非学术化的资料，能够在力求抓住事物本质规律的同时，反映一些时代的背景，在不回避学术语言枯燥的前提下，引起读者一些共鸣；还强化了我整合知识、经验、直觉，以恰当的方式表达的意识，做好上下文的衔接来提升逻辑性、阅读友好性的态度，以及用文字表达一些本只可意会不可言传的认知的能力。我不断努力搜集新的有效信息，以增加本书的含金量。但必须承认，我个人驾驭复杂问题的能力是有限的，必须要面对这种不自信与紧张，选择适时完结本书，而非无限期地去完善。

至于中国医药窘境如何突破，除本书给出的政策建议外，更重要的是要看有没有破釜沉舟、壮士断腕的勇气，有没有下一盘大棋的智慧，有没有跳出框架、另辟蹊径的思维，有没有济世救人、让世界更加美好的梦想。这些"道"层面的东西，比本书给出的"术"层面的东西更为真实与重要。若没有论透彻这些

"道"，再多的"术"也是徒劳。

本书的绪论主要包括选题背景，技术路线和研究方法，研究难点、重点及创新点。第一部分，对重要概念进行界定，从技术创新的理论入手，分析医药企业技术创新的特殊性。第二部分，主要在企业外部因素影响技术创新领域，对以往学者研究进行梳理；结合产业经济学、健康经济学、创新、管理学相关理论，归纳推导医药企业技术创新如何受外部因素影响，构建"外部因素影响医药企业技术创新"的多层次理论分析框架。第三部分，结合多层次理论分析框架，对我国医药企业技术创新现状、问题及外部产业、宏观环境进行分析，并对外部影响因素进行挖掘与分类。第四部分，对中国、美国的生物技术医药企业技术创新进行比较案例分析，着重分析外部因素对我国企业技术创新的影响，印证第二部分提出的多层次理论分析框架，并提炼现阶段我国生物医药企业技术创新的关键外部影响因素。在本书的最后，即第五部分，从企业与产业的角度提出激励医药企业技术创新的政策优化建议，总结研究结论，进而回答绪论中提出的若干问题，并探讨研究不足和未来研究方向。对理论不感兴趣的读者，可以直接阅读本书的第三部分、第四部分、第五部分。

本书期待有些许意义：理论上，为医药产业政策制定提供学理依据，通过多学科融合改进现有研究的不足。实践上，为政策制定者提供决策参考，为医药企业提供管理参考。本书寻求个别创新点：构建医药企业外部因素影响技术创新的理论分析框架，发现中国医药产业发展的深层次问题与突破口，对生物技术医药企业技术创新及外部影响因素进行原创性研究，基于产业现实选择适配的研究方法及设计思路。

此外，本书多处使用了仅更新至 2019 年或 2020 年的数据，这是由于写作过程较长造成的，对此表示遗憾，但这也恰好符合了本书的宗旨——试图解释医药产业的本质。由于新冠肺炎疫情的影响，医药支出发生了数量和结构变化，这种数据波动是否能够反映产业的本质特征，还有待未来的观察。

扈婧

2022 年 9 月

北京海淀 长河畔

目　录

第一部分　究竟什么是医药技术创新

第二部分 什么在影响医药企业技术创新

第三部分 中国医药企业技术创新与发展
环境的现实：政治还是经济

第四部分　医药企业技术创新外部影响因素的案例研究

第五部分　激励医药企业技术创新的政策优化

绪　论

一、选题背景

（一）问题的提出

医药产业既是国民经济的重要组成部分，是落实"健康中国"战略的重要支撑，也是技术创新驱动的高附加值产业，医药产业高质量发展对我国经济发展的提质增效至关重要。具体情况如下：

首先，医药产业对人民健康和经济发展举足轻重。医药产业被誉为"永不衰落的朝阳产业"。当前，以基因技术、细胞治疗等为代表的前沿生物治疗技术，正在掀起医药产业变革的浪潮，由此可能会演变为一种全新的技术经济范式，成为世界主要国家积极争夺的制高点。欧洲、美国、日本等发达国家与地区高度重视医药产业的发展，纷纷出台新政加以部署。我国也高度重视医药产业发展，颁布了多个国家层面的规划、政策。2019年，我国规模以上医药企业主营业务收入达到26147亿元，同比增长8%，成为保障我国医疗事业的基石。自新冠肺炎疫情暴发以来，我国医药企业迅速锁定致病病原体，分离病毒并向全球分享病毒基因序列，研发了病毒采样管、核酸检测试剂盒，对抗击新冠肺炎疫情发挥了重要作用。随着我国人民群众健康需求的提高及老龄化趋势的加深，加快医药产业高质量发展愈发重要。

其次，医药产业是技术创新驱动的高附加值产业。技术创新水平决定了医药产业的发展水平和潜力，是产业发展最关键和最主要的推动力（张晔，2014）。但与欧美发达国家相比，我国医药产业技术创新投入不足、水平不高，国际竞争力低下。多年以来，全球医药研发支出是我国规模以上药企总研发支出的 15 倍多，我国 A 股 200 余家医药上市公司平均研发强度①不足 5%，整体研发投入不及美国辉瑞一家公司的一半，而且美国辉瑞等国际制药巨头的研发强度高达15%。我国医药市场增长势头迅猛，规模仅次于美国，居世界第二，但高端产品多数依靠进口，本土低端产品同质化竞争严重。全球已经研制出 100 多个生物技术药物，但我国大量已上市②化学仿制药尚不完全与原研药水平一致，更没有能够得到国际认可的真正意义上的创新药，还缺乏一些重大疾病治疗用药、罕见病用药、儿童药、应对突发公共卫生事件的特需药，无法满足人民群众对生命健康保障的需求。

再次，培育我国本土的医药企业与产业非常迫切。当前，我国仍有巨大的未被满足的临床需求。癌症是目前导致人类死亡的头号疾病，中国人高发癌症疾病谱与欧美国家相比存在差异。而且在我国很多瘤种的驱动基因和国外不同，以肺癌为例，我国肺癌患者是 EGFR③ 突变的患者的比例，远高于西方国家。但一般来说，西方国家对本国发病较多的肿瘤研究多，对其他癌种研究少。因此，我国的市场需求，尤其是重大疾病用药需求，不能完全倚赖跨国公司既有产品进口或者为中国人开发专用新产品，应该针对中国发病较多的癌种研发新药。

最后，我国医药产业具备一定的发展基础和条件。过去几年，我国医药产业创新生态显著改善：各级政府持续加大对医药创新的资金支持力度，地方政府大力引进科技人才和科技项目，药品上市许可持有人（MAH）等审评审批重大改革加快了新药上市进程。在政策的积极引导下，企业的产品研发管线（Pipeline）变得更多更丰富，申报的新药和首仿药不断增多。江苏恒瑞医药股份有限公

---

① 此处研发强度为研发支出占营业收入的比重。

② 医药产业的常用语"上市"不是资本市场的上市概念，而是指新药获得监管部门许可，可以进入市场。

③ EGFR 是一种跨膜受体酪氨酸激酶，该区域的激活即磷酸化对癌细胞增殖、生长的相关信号传递具有重要意义。因此，EGFR 作为癌症治疗的分子靶标受到普遍关注。

司、中国生物制药有限公司、石药控股集团有限公司等龙头企业的研发投入占主营业务收入的比例已经高于10%，我国医药产业创新氛围日益浓厚。2019年，我国10个国产1类新药、3个国产生物类似药获批上市，实现相关领域零的突破。

医药产业在具有重要的经济社会意义的同时，也是技术创新领域非常值得研究的对象。国际上，制药行业的研发强度常常几倍于整个制造业的研发强度。相较于其他行业，新药研发失败的风险及研发支出的峰值要持续到研发周期的后期，研发完成后也无法确定何时能被监管者颁发新药证书，而且医药技术创新重点、组织方式都不断有新的发展，有很多值得研究的新的技术经济现象。

目前，业界普遍认为，我国医药产业的基础科研水平与发达国家差距较小，但技术产业化进程相对滞后，成为制约产业创新能力提升的瓶颈。企业既是技术创新的主体，也是应用技术开发和产业化的组织单元。影响企业创新积极性的因素非常多，涉及宏观、中观和微观三个层面，宏观层面指经济社会总体状况，包括法律体系、制度设计、政策环境、资本市场等；中观层面指市场竞争、产业结构、投融资等；微观层面涉及企业内部的机制如何安排，也可以说是公司治理（王梓雄，2018）。

医药企业技术创新非常需要外部宏观、中观环境的支撑。以政策因素为例，政府出台的一系列促进技术创新的政策，如研发资金补贴、税收减免、水电配套优惠等，对企业技术创新活动产生直接影响，尤其是一些专门针对医药企业技术创新的政策。分析外部影响因素的必要性还在于：一是医药产业与其他产业非常不同，在我国某些产业中，部分企业可以脱离整个外部环境的掣肘，在技术创新和企业成长上一枝独秀，如信息通信领域的华为技术有限公司，先以低成本战略掳获市场、扩大规模并积累资金，然后逐步提升产品创新能力与企业竞争力，而单家医药企业无法摆脱产业环境与宏观环境约束并仅凭借自身努力脱颖而出，去参与已呈现寡占型格局的全球化竞争。二是深刻、客观认识医药企业技术创新面临的外部影响因素，有利于在进行政策优化设计时着眼全局，强化系统性思维与战略思维。

那么，医药企业技术创新到底是怎样的，与医药技术创新、医药产业技术创新等相似概念如何界定？各子行业存在什么差别？医药企业技术创新影响因素有哪些，其中最为关键的医药企业技术创新影响因素是什么？具体到我国，我国医药企业技术创新的症结及其原因在哪里？如何对此有所改进？现阶段，我国医药产业技术创新驱动发展的现状与问题，机遇与挑战到底是什么，要符合怎样的内在发展规律？未来发展路径是什么？我国医药企业技术创新的外部影响因素有哪些，如何影响？有怎么样的影响方向？从提升本土产业创新能力的视角出发，如何加强创新资源的有效配置，提高企业技术创新能力和产业竞争力？总之，在当前我国产业政策与监管环境向欧美提速接轨、企业技术创新投入产出与欧美相距甚远的情况下，有必要研究我国医药企业技术创新存在的深层次问题及其原因，并提出切实可行的政策建议。

（二）研究的意义

1. 理论意义

第一，为医药产业政策制定提供学理依据。从现有研究看，企业技术创新受到诸多因素的影响，可以分为企业外部因素和企业内部因素，也可以分为宏观层面因素、中观层面因素、微观层面因素，这些因素往往交织、缠绕在一起，共同影响着企业的技术创新能力。现有研究主要从市场、政府、企业三个层次分析技术创新之决定因素：市场竞争给企业施以不断创新的压力，并提供创新所需资源；政府为技术创新营造支持性的环境，也通过资金补贴促进创新；企业自身情况决定创新活动的具体开展。但关于外部因素影响我国医药企业技术创新的系统性研究十分罕见。几十年来，医药新产品是国际上技术创新最活跃、投入最高的领域，与此同时，我国医药企业技术创新投入极低的问题也一直存在，政府对研究机构与企业的研发资金补贴始终未见成效，对这些现象的剖析具备足够的理论研究价值。本书透过对医药企业技术创新及其影响因素的研究，折射出整个医药产业发展存在的问题，能够为构建促进医药企业技术创新，从而实现医药产业高质量发展的政策提供学理依据，进而有利于解决企业研发投入低的难题。

第二，通过多学科融合改进现有研究的不足。本书的选题"医药企业技术创新"属于多学科交叉领域，相关学科对这一领域的研究融合不足，这主要体现在经验研究与理论研究之间。研究医药产业创新、医药产业集群创新、医药企业技术创新的文献很多，但更注重对技术创新水平的描述、评价、比对，并没有挖掘、审视背后的根本原因，提出的政策建议过于笼统，很多不具备可操作性和可行性，个别研究还提出了一些早已在施行的政策建议，与技术创新、产业经济学、卫生经济学、管理学的理论结合不紧密，导致整个研究缺乏理论深度。此外，一部分研究虽然能够较好地利用经济学、管理学分析框架和工具，对医药技术创新进行分析，但缺乏对医药企业技术创新和国内外产业发展的正确认识，实证研究设计细节之处与实践常常脱节，归根结底是因为医药企业技术创新与医药产业比较复杂，涉及的利益相关者众多，而且产品与市场细分也比较多，一时之间较难抓住这个行业的本质与关键。在上述情况下，还有进一步将技术创新、卫生经济学、微观经济学、产业经济学、管理学的理论运用于医药企业与产业，分析问题、解决问题的空间。

2. 实践意义

第一，为政策制定者提供决策参考。我国新药创制迎来重大机遇期。从全球创新趋势看，药物研发热度正在增加，癌症、认知障碍和炎症等领域发现了一些新型分子药物，诊断和治疗逐渐紧密结合、相辅相成，颠覆了传统的医药医疗分离模式，新赛道的出现有利于我国实现换道超车。从国内创新环境看，我国药政向国际主流市场提速接轨，医保支付政策正在进行"腾笼换鸟"式的深刻调整，创新药和专利产品将拥有更广阔的发展前景和更充足的医保资金支持。2018 年，国家医疗保障局挂牌成立，作为战略性买方（Strategic Buyer），加速了医保、医药、医疗"三医联动"，"带量采购"等新政对医药产业带来了深远影响。政策制定者可以通过在准入、定价、偿付环节中体现创新产品价值，来增加医药企业研发意愿。我国目前有 4000 余家制药企业，但缺乏具有全球竞争力的大企业和核心竞争力的科技型中小企业。上述政策目标的实现不应"撒胡椒面"，而应更倚重创新能力较强的企业，也要兼顾产业创新能力全面提升与产业结构调整，以及一些更为宏观层面的条件支持。那么如何识别出这类企业，给予偏好性的扶持，进一步增加其创新意愿，并配合施行哪些宏观与中观层面的政策措施，本书能够在这方面给予政策制定者意见。

第二，为医药企业提供管理参考。从机遇看，我国医疗支出占 GDP 比重仅为5%左右，较美国近20%的水平明显偏低，还有很大的增长空间，意味着创新药物偿付水平提升空间较大，这是医药资本市场的一项长期利好。从历史上看，美国市场的新药上市表现平均约为我国的30倍，日本市场是我国的6倍。过去几年，得益于我国创新生态的整体改善，这个差距分别缩小至5倍与2倍。随着我国新药创制回报机制的慢慢形成，资本对医药创新的追逐热度持续高涨，科创板、港股为我国医药企业开辟了新的融资通道。从挑战看，美国是医药产业遥遥领先的全球领跑者。未来与国际主流创新生态圈的疏远，会给我国医药企业技术创新带来巨大的不确定性。面对新机遇与新挑战，如向结合产业实际和企业实际，实现企业的可持续创新发展，本书能够在这方面给予医药企业意见。

二、技术路线和研究方法

（一）技术路线

中国医药产业的企业技术创新能力弱、投入低，是由多种因素共同影响造成的。本书将产业层面的因素，以及更为宏观层面的一些因素，视为可能影响企业技术创新的外部因素，提出研究设计，技术路线如图0-1所示。后续通过详细的理论推导将研究构想转化为多层次理论分析框架（参阅本书第二部分）。参照多层次理论分析框架，通过医药产业分析和宏观环境分析（参阅本书第三部分），并结合实地调研情况，可以更加深刻地认识我国医药企业技术创新所处的外部环境，既是对理论分析的具象化，也为后续案例分析提供现实依据，还能够对外部影响因素进行充分挖掘与分类。对于产业层面、宏观层面的外部因素如何影响医药企业技术创新，本书将主要基于技术创新理论，参考以往研究总结的影响途径，来进行理论推导，而后以比较案例分析进行印证，并在繁杂的外部影响因素中提炼最为关键的因素。这样，本书就深入地探讨了医药企业技术创新如何受外部宏观与中观（主要是产业）层面因素影响的完整逻辑体系。

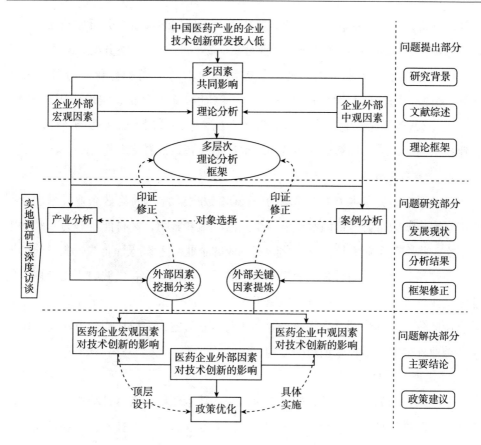

图 0-1　本书的技术路线

资料来源：笔者设计。

（二）研究方法

根据上述研究技术路线，本书主要遵循从抽象到具体、从理论到实践的研究过程，实证分析与规范分析相结合、定性分析为主而辅以定量分析①，深入探究医药企业外部因素对技术创新的影响。实证分析与规范分析相结合体现在，通过产业分析、案例分析（分别参阅本书第三部分、第四部分）等实证分析，描述医药经济对象存在、运行及关系的事实；通过政策建议（参阅本书第五部分）

① 事物的质是其区别于其他事物的内部所固有的规定性，事物的量是事物存在和发展的规模、速度、程度等可以用数量表示的规定性。

等规范分析，提出孰优孰劣的观点，其中涉及价值判断。定性分析体现在，通过理论分析（参阅本书第二部分）、产业分析、案例分析等定性分析，对事物的质的方面进行把握。本书采用多种研究方法，力求从不同子行业（分类研究方法）、国内和国外（对比分析方法）、"点"（比较案例分析、实地调研与访谈）与"面"（理论框架构建）多角度，以及宏观、中观多层次透视医药产业发展与企业技术创新，从而能够更加系统地、辩证地、联系地看待事物。

1. 分类研究方法

分类研究是贯穿本书多个篇章的一种研究方法。本书将医药企业技术创新所受因素影响分为企业外部因素影响与企业内部因素影响，又将前者分为宏观和中观层次，将医药企业大体上分为化学药行业的企业与生物药行业的企业，前者上市公司较多、上市时间较久，积累了丰富的运行数据，后者更偏向于幼稚期，创业型企业较多、上市公司很少，但属于产业发展的未来方向。为了兼顾两类企业并有所区分，本书分别以生物药企业、化药企业为主，采取适当的方法，来印证医药企业外部因素对技术创新的影响。

2. 理论框架构建

从技术创新的理论着手，辅以对医药企业技术创新的特殊性分析，结合创新经济学、药物经济学、管理学相关理论，归纳推导医药企业技术创新如何受外部因素影响，构建多层次理论分析框架。

3. 实地调研与访谈

调研访谈目的主要是，交叉印证理论分析的结论是否在产业及企业实际发展中得到体现，反过来对理论框架进行完善，也为产业分析和案例分析收集资料。关于访谈提纲的拟订，笔者围绕本书的研究问题，面向政府、产业集群/园区、协会和企业分别设计了访谈提纲（详见附录）。提纲均由若干开放式问题构成，也就是说，访谈时根据实际情况给予被访者针对性提示。

4. 对比分析方法

沿着我国医药产业发展史进行纵向对比，分析我国医药市场容量、医药产业规模、销售额、研发投入、市场集中度、企业国际化、产业集群、人才、资本、临床资源等要素和准入、定价、医保等政策改革的发展变化，弄清楚医药产业发展过程的"来龙去脉"，建立产业过去、现在和未来的关系，找出一些迄今为止没有得到根本改善的问题，避免没有历史深度的不彻底的表述和结论。全球医药产业是我国医药企业技术创新的重要外部环境，在市场结构、技术创新趋势、创新组织方式等方面，将中国医药产业与全球医药产业开展横向对比，找出我国医药产业与国际情况的本质区别，对我国医药产业在全球的地位进行客观定位。案例分析也运用了对比方法，通过在产业规模、企业数量、水平高低、发展阶段、产业结构、产学研关系、合作创新等方面，对中美两国生物技术医药产业及企业进行对比，试图找到一些"反直觉的发现点"。

5. 比较案例分析

笔者从 2017 年 9 月开始，密切关注百济神州等国内外生物技术医药企业，阅读了大量的二手资料，包括政府内部资料和学术文章，并注重听取行业专家对这些企业的评价。本书对多种证据进行相互交叉印证，对中美生物技术医药企业技术创新进行比较案例分析，着重分析外部因素对企业技术创新的影响机制。

三、研究难点、重点及创新点

（一）研究难点与重点

本书的难点主要包括：

第一，基于现实世界分析外部因素影响医药企业技术创新存在难点。医药产品门类众多，各国医药产业发展动态千差万别，提炼总结出共性的、关键的医药企业技术创新特点，以及其与企业成长、产业发展的关系，具有一定的难度；如何从纷繁复杂的企业外部环境中提炼能够明显影响医药企业技术创新的因素，形成多层次理论分析框架，并在后续实证研究中以合理的方式进行印证，也具有一定的难度。

第二，对生物技术医药企业技术创新及外部影响因素的原创性研究存在难点。一是生物技术药是医药技术创新的热点与发展趋势，也是跨越我国医药产业发展障碍的突破口，但以往我国医药企业技术创新的研究多基于化学药，难以借鉴用于生物技术药；二是我国生物技术医药企业发展历程很短，发展态势不明显，可供参考的研究极少，缺少公开的成熟的数据库，给资料收集整理带来难度；三是我国药企发展环境复杂多变，医药、医疗、医保尚处于割裂状态，与美国的药企发展环境十分不同，这虽为两国情况总体对比带来一定的合理性，但却给两国生物技术医药企业对本国产业创新能力影响的评价对比带来了难度。

本书的重点主要包括：一是从技术创新的理论着手，分析医药企业技术创新的特殊性，结合相关理论，归纳推导医药企业技术创新如何受外部因素影响，构建"外部因素影响医药企业技术创新"的多层次理论分析框架。二是对中美生物技术医药企业技术创新进行比较案例分析，着重分析外部因素对我国企业技术创新的影响，印证第二部分提出的多层次理论分析框架，并提炼现阶段我国医药产业的企业技术创新的关键外部影响因素。

（二）创新点

第一，构建了医药企业外部因素影响技术创新的理论分析框架。现有研究对我国医药产业的现实解释能力不够，我国的经验事实很难用国外经济理论直接解释。综合分析外部因素对医药企业技术创新的影响并不是本书的独创思路，但这方面的研究寥寥无几，相较于实证研究而言缺少理论分析，更缺乏一个统一的理论框架。较少探讨医药企业外部因素对技术创新的内在传导路径和作用机制，忽视医药企业外部因素之于技术创新决策、活动、实践①的具体过程，导致目前缺乏学理上的清晰的共识，难以解释医药企业技术创新的核心作用变量及其影响机制，也难以说明为什么我国医药企业与国外医药企业技术创新投入与能力有着天壤之别。这种研究现状非常不利于对医药企业技术创新的深入理解，从而不知如何更好地对其施加影响，也不利于以创新为导向的医药技术经济与产业经济理论研究的进展。本书从技术创新的理论着手，分析医药企业技术创新的特殊性，结合技术创新、药物经济学、创新经济学、管理学相关理论，归纳推导医药企业技术创新如何受外部因素影响，构建"外部因素影响医药企业技术创新"的多层

---

① 此处的实践是指医药创新成果获得监管部门批准，开展政府定价或企业自主定价、参与医保谈判等活动。

次理论分析框架，能够作为后续研究的基础。

第二，发现了中国医药产业发展的深层次问题与突破口。以往研究对我国医药产业中发生的经济现象观察与调研不足，没有深入了解我国医药产业的现实。本书根据多层次理论分析框架，立足于医药企业本身，放眼企业外部环境，运用管理学对宏观环境、中观环境、产业发展的经典分析工具，对中国医药产业进行剖析，并且将之与全球医药产业进行对比，增加了产业研究的系统性与理论性，在我国医药企业技术创新问题及破解上有一些新的发现点。其具体包括：中国医药产业发展障碍不仅在于医药企业普遍研发投入低，还在于大企业研发投入低，这与国际竞争力低下、产业格局不利于创新等其他问题彼此交织叠加，将中国医药企业锁定在技术创新能力薄弱的恶性循环。从外部看，定价机制与医保偿付不以体现创新价值为导向、国有企业出于规模考核等目标对医药商业的追逐、医保支付总盘子占 GDP 比重较小、生命科学研究机构对企业人才的"挤出"等一些宏观层面的因素，加剧了我国医药企业研发投入低持续几十年之久的这一问题。生物技术医药子行业是我国医药产业实现换道超车的突破口，因为全球医药产业整体呈现寡占格局，并且未来将会持续存在，生物技术医药产业也出现由发达国家主导的局面，但全球还没有呈现寡占格局，生物技术药也是医药技术创新的热点与方向，具有很多潜在的技术机会，而化学药新药研制的技术机会已经很少。

第三，对生物技术医药企业技术创新及外部影响因素的原创性研究。本书在研究对象上有所创新，重点研究了我国生物技术医药企业的技术创新。生物技术药是全球医药产业发展的趋势，也是制药巨头抢夺创新资源的焦点，所形成的细分行业有着与传统医药产业不同的科学基础与创新组织特点。在国内利用经济学、管理学理论或工具对医药产业的研究中，几乎都将生物药与化学药混为一谈。本书结合时代特征，立足国情，以产业创新能力提升为视角看生物技术医药企业技术创新。具体而言，一是我国作为医药产业后发国家，与欧美发达国家在产业发展、制度设计、创新要素等方面有着明显不同，医疗、定价、医保等医药依存的环境均不完善，医药供给与需求在短期内无法实现联动，作为医疗衍生需求的医药创新成果可能得不到价格体现，因此国外研究并不完全适用于我国。二是我国具有创新能力的生物技术医药企业发展历程不长，这方面的研究也寥寥无几，仅存在个别从投资角度出发的案例分析，故而本书填补了我国生物技术医药企业及行业领域研究的空白。三是我国生物技术医药企业的创始团队大多有海归背景，在中美经贸摩擦的情况下存在很大的未来可持续发展不确定性，在这种背景下以本土产业创新能力提升的视角去进行评价，符合时代要求。四是我国生物技术医药企业如"散兵游勇"，没有形成集聚态势，并且主要与国外大型药企进行合作，创新网络没有实现本土化，因此相较于以产业、集群、网络作为研究对象，更适合以生物技术医药企业作为研究对象，通过中美对比找出企业技术创新差距背后的原因，并结合我国医药产业的实际情况，辩证看待此类企业对产业创新能力的提升作用，从中得到的新的发现点能够支撑后续政策制定。

第四，基于产业现实选择适配的研究方法及设计思路。仅存在个别实证研究分析了我国医药企业外部因素对技术创新的影响。但我国企业技术创新在化学药与生物药领域发展差异较大，这点并没有在已有研究中得以反映，而且这些研究和产业发展实际结合不紧密，仅局限在实证范畴讨论变量之间的关系，外部因素、技术创新指标的选取缺乏产业特点，甚至在数据清洗过程中没有注意数据统计口径和理论概念之间的差别，如对人药与兽药企业、药品与医疗器械企业不加以区分，误认为都属于医药企业，误认为它们有一样的技术创新范式，理论模型中的变量与实际采用的数据相差较远，如用政策文本中出现的关键词来测量政策实施，导致实证研究的数据结果并不具有现实意义。本书从方法选择到具体设计，都充分结合产业发展实际。例如，以比较案例分析印证多层次分析框架的外部因素影响，首先，能够了解哪些外部因素对特定国家特定行业内企业技术创新起到促进作用，并且截获其中的政策含义。其次，生物技术医药是我国产业发展的突破口，而我国冉冉升起的若干生物技术医药企业，能否发挥像美国生物技术医药企业在美国医药产业创新能力中的作用，值得深入探讨，案例研究更适合回答这一问题。再次，我国医药企业外部影响因素彼此交织，企业技术创新随外部环境变化起伏较大，贸然建立外部因素与企业技术创新之间的相关性意义不大。最后，案例研究更适合我国生物技术医药企业的发展阶段，这些企业发展时间较短，大部分处于创业期，没有产品和盈利，有个别企业刚刚上市，很难获取到大量真实可靠的数据。

第一部分

究竟什么是医药技术创新

200 多年的全球医药制造史，实质上就是一部技术创新史（陈敬，2002）。医药产业的发展历程中，一直有着源源不断的创新成果，还有一些突破性创新成果，如青霉素、阿司匹林、胰岛素、天花疫苗、HIV 蛋白酶抑制剂等，保障了人类生命健康，但也有些成果对伦理构成了重大挑战，可以说，医药技术创新深刻改写了人类社会的发展史。

那究竟什么是医药技术创新呢？关于技术创新的内涵与范畴，学术界已达成基本共识。但非学术界的人士及不研究创新的学术界人士，对于技术创新的认识仍存在诸多误区。同时，医药与健康虽然与每个人息息相关，但对于什么企业才称得上是医药企业、医药技术创新是怎么一回事，大多数人仍不了解，处于"隔行如隔山"的状态。因此，这里有必要对技术创新、医药企业、医药技术创新进行必要的澄清。

本书第一部分明确了技术创新，医药产业、医药企业及生物技术医药企业，技术创新投入、产出、效率与能力等概念的界定、区分与类型，第一部分重点分析技术创新的一般特征，进而总结医药企业技术创新的独特性，以及分析医药企业技术创新与企业成长、产业发展之间的关系，为后文打下语境基础。

医药企业的成长一定要依托于产业环境吗？没有头部医药企业，产业能否取得快速发展？医药产业可能像曾经的电子信息产业一样，在产业整体水平一般的背景下，出现华为技术有限公司等个别创新能力较好的优势企业吗？这些问题都可以从第一部分的内容获得启示与回答。

第一章　重新审视技术创新

一、创新与技术创新

（一）技术创新概念演化与内涵界定

技术创新的概念源于"创新"一词。创新被经济学家熊彼特（Schumpeter）首次提出后，经过百余年的发展，已经具有丰富的学术内涵，并且取得了一定的学术共识。本质上，创新是通过资源重组来挖掘潜力，故而其所辖范围很广。熊彼特将涉及技术的创新与不涉及技术的创新（如组织创新、制度创新等）都视为创新①。技术创新顾名思义必然是涉及技术的那一类创新。

初期，关于技术创新的关注点是在其包括哪些活动内容上，如将技术创新与发明区分开来。后来，学者们对技术创新的定义更加突出现实意义，突出商品、新产品、市场导入等词语，这相当于对技术创新的范畴给予了界定。20 世纪 70 年代以来的定义表述不同源自对技术创新从过程、结果、本质等不同角度的审视，但这些角度的技术创新定义都离不开商业价值，可以说，检验技术创新成功与否的试金石是商业价值。

---

① 约瑟夫·熊彼特. 经济发展理论 ［M］. 何畏，等译. 北京：商务印书馆，1990.

此外，技术创新的定义也与学者所处的时代与环境有关。例如，傅家骥（1998）曾结合我国国情，指出应采用广义，不限制"技术"的变动大小，以较宽幅度界定技术创新的成功。这种原则比较适合我国当时以跟踪模仿为主的技术创新发展阶段。20 世纪 90 年代末，我国国家层面颁布的政策文件，对技术创新的定义开始强调创造属性与含金量。

对照我国现阶段技术创新的实际情况，本书采用张伟（2017）的定义，即技术创新是研发新技术或整合运用已有技术，开发新的或改进已有的产品、工艺或服务，并产生经济社会效益的全部活动构成的有机过程。需要注意的是，熊彼特及其追随者对创新的研究是"线性范式"，仅着眼于企业内部，认为技术创新大体上执行简单的线性程序：发明→开发→中试→生产→销售。现实世界中，企业技术创新是复杂过程。有很多理论分析和实证研究发现，来自外部的有意识或无意识的信息交换与互动协调对于创新有着很重要的影响，可以有效解决单家企业面对技术创新时的路径依赖、风险防范、能力约束等问题。技术创新的研究视角已从单家企业内部转向外部，即企业与企业、企业与外部环境的关联和互动，这种"网络范式"广泛应用于国家创新系统与区域创新系统研究。对医药技术创新的研究必须跳出企业本身，放眼整个产业、区域或集群乃至全球，本书后续内容都是将医药技术创新的线性范式扩展到网络范式进行分析。

（二）技术创新的类型

存在多种技术创新分类方法。①从程度上，有渐进性创新、根本性创新。前者是连续性的，以现有的技术积累与能力调整产品/工艺，具有风险可控、成本较低、边际收益显著的特点；后者是较为革命性的，产出了以往从未有过的全新的技术与产品。②从对象上，大体包括产品创新与工艺创新。前者指向有新产品出现的技术创新，后者也称为过程创新，是采用新工艺、新设备、新组织方式中的一种或几种，来提高现有产品的生产效率或者优化现有产品的生产过程。③从模式上，包括自立式创新、合作式创新、引进消化吸收再创新。自立式创新是企业在内部不断积累经验与能力，开展技术创新；合作式创新是两家及以上企业或者企业与研究机构的联合创新行为；引进消化吸收再创新，是以技术许可、研发外包等方式从外部购买新技术实施技术创新（仲伟俊和梅姝娥，2009）。本书对技术创新的类型划分遵循并整合了这些观点（见表1-1）。本书研究的医药企业技术创新主要是一种或多种创新模式下的"根本性的产品创新"。

表1-1　技术创新的分类

类型		含义	模式
产品创新	根本性的产品创新	产品用途及其应用在原理上有显著变化	任何类型的创新都可以采用自立式创新、合作式创新、引进消化吸收再创新的其中一种或几种来实施并完成
	渐进性的产品创新	技术原理无重大变化，基于市场需要对现有产品在功能上的扩展和技术上的改进	
工艺创新/过程创新	根本性的工艺创新	采用新的技术原理，常见的是采用新的设备	
	渐进性的工艺创新	改进产品生产工艺，提高生产效率的一些措施，或降低生产成本的一些方法等	

资料来源：笔者根据相关文献整理。

二、技术创新的投入、产出、效率与能力

（一）技术创新投入、产出

技术创新投入是企业为了技术创新而投入的各式各样的资源，包括人、财、物等有形资源，也包括知识、创新文化等无形资源。持续投入是技术创新的前提，也在一定程度上表征技术创新的能力，可以据其推测未来的技术创新能力发展势头。技术创新投入还可以分为研发性投入与非研发性投入，前者一般由用于研究开发的资金投入与人力资源投入构成，后者是除研发性投入之外的技术创新投入，如外部科技资源引入、前期市场调研开销等。

技术创新产出既包括有形产品产出，也包括无形产品产出，前者是使用新科技和新工艺制造出来的商品，后者是通过科学研究与科技创新得到的研究成果。产出将科技开发与产品市场紧密相连，技术创新成果实现产品化并占据市场份额，是技术创新的根本目标。创新产出也被用来泛指技术创新对企业绩效、成长

性或者公司市值的贡献。

（二）技术创新效率

技术创新效率简而言之就是技术创新的资源配置效率，是投入产出的转化效率，用来反映技术创新投入对产出的贡献程度。技术创新本质上是综合运用各类创新资源来创造新知识，并把这些知识或已有知识以新方式转化为蕴含经济价值的商品或服务，从这个思路理解，技术创新效率就是将创新资源转化为商品或服务的实现效率（邹鲜红，2010）。

（三）技术创新能力及评价

技术创新能力对于企业提高核心竞争力至关重要。Dahlman 和 Westphal（1981）对技术创新能力的解释是在组织行为学基础上进行的，将其内涵看作管理能力、创造能力、适应能力和信息化能力为一体的结果。Burgerman（2001）认为，技术创新能力是创新组织很多特质的聚合，对于组织创新战略践行有着重要意义。对于医药企业而言，研究开发能力是最重要的技术创新能力。

技术创新内涵丰富，既有技术属性，也有经济属性，而且各行业创新活动方式大相径庭，所以要对不同的技术创新采取不同的能力评估方法。介绍企业技术创新能力评价指标、评价体系的研究有很多，由于篇幅原因，此处不再赘述。

（四）以上维度的区别与联系

投入要素给技术创新能力带来的贡献主要体现在数量和质量两个方面，企业开展技术创新活动的次数、频率、质量一定程度上体现了技术创新能力的高低。产出要素反映了企业技术创新的运转能级，可以在某种程度上直观展现出企业的技术创新能力。但不能简单地认为技术创新效率高的企业其技术创新能力就强，因为技术创新效率本质上是投入产出之间的关系，可以通过引进消化吸收再创新、跟随模仿等策略提高效率，但这些方式不利于技术创新能力的持续提升。通常情况下，技术创新投入越高，经过一段时间的技术积累后，自主创新能力往往就越强。同样地，自主创新能力越强，对于技术创新回报有着更高的预期，技术创新投入也就越高。

三、技术创新的一般特征

技术创新有很多特征，如外部经济性、不确定性、系统性、阶段性、累积性等，这里仅对与本书研究密切相关的几个特征进行阐述。

（一）由知识溢出导致的正外部性

知识溢出（Knowledge Spillover）又称知识外溢、知识的外部性，是知识的一种属性，发生在经济社会各个领域，如产业内会发生知识溢出，产业间会发生知识溢出，一定地理区域内也会发生知识溢出。技术创新会产生知识溢出。例如，科学研究与试验发展（R&D）所产生的新主意或新信息如果嵌入在新产品中，并以小于真实价值的价格售出，就形成货币性溢出，如以出版物之类的载体传递出去，并提高了其他企业/产业的生产率，就形成非货币性溢出，这种纯知识溢出属于典型的非竞争性公共物品（Griliches，1992）。一个企业/产业能够达到的生产率高低不仅取决于自身的努力多少，也取决于其所能够接触的总体知识水平的高低。知识溢出具有正向的外部经济性，因此技术创新也具有正向的外部经济性。

学者通常围绕外部性特征或者从本质出发阐释知识溢出，对知识溢出内涵的基本看法是一致的，即它是一种公共物品或准公共物品，但有学者指出真正的知识溢出不应为有意识的，还有学者指出要将知识溢出与知识转移区分开来（扈婧，2009）。然而，无论知识溢出的外延如何，知识必须是要被获取的，予以佐证的是，教育经历相同的人可以有不同的知识（Arrow，1971）。同样，每家企业由于主观原因或客观原因，所能接触到的总体知识本就不同，其中能获取多少有价值的知识，要视企业具体情况而定。

知识溢出包括显性知识溢出和隐性知识溢出。两种知识都以语言、文字、图像等形式存在，显性知识表现为产品外观、文件、说明书、数据库等，客观、有形、结构化；隐性知识表现为经验、技术诀窍、文化等，不易被清晰表达、主观性强（金明律，1998）。隐性知识的特点通常包括，所有者未意识到自己拥有隐性知识，依赖特定环境发挥作用，主要存在载体为个体，来自长期的经验与体验，难以编码和存储，故不便以规则形式传递（周晓东和项保华，2003）。这些特点使隐性知识成为其他组织无法学、学不通、学不全的独特资产，从而构成难以模仿的竞争优势的基础（扈婧，2009）。

（二）投入产出关系的不确定性

技术创新活动本身带有不确定性，要不断地试错和向未知探索，创新过程中的风险不可能被完全预测，一个失误可能导致阶段性进展化为乌有，除了技术本身的问题，组织内部决策失误、外部市场环境转变、相关政策冲击等，都会造成技术创新的成果转化过程存在较多的不确定性。根本性产品创新具有更高的不确定性。但通常认为，技术创新投入与新工艺、新产品等技术创新直接产出具有正相关关系。考虑到经济效益往往是技术创新的最终目的，技术创新的间接产出，也就是技术创新的绩效，应该在经济效益上有所体现，如可以用产品创新或工艺创新对企业经济效益的贡献来表示。技术创新投入与技术创新间接产出关系具有一定的不确定性，技术创新投入越高，技术创新间接产出未必越高。国内外很多学者使用不同国家和地区的数据，实证研究了技术创新投入与间接产出的关系，取得了不完全一致的结论。在这些研究中，研发投入通常用来衡量技术创新投入，而对技术创新间接产出的衡量指标较为多样化，常用的有单一财务指标，也有成长性、企业绩效等综合指标。衡量指标的选取会影响技术创新投入产出关系的实证结论。具体情况包括：

第一，大部分研究都发现研发投入与间接产出显著正相关（Monte and Papagni，2003；Martín-Rojas et al.，2011；Yang，2012；张维迎等，2005；李涛等，2008；周艳和曾静，2011）。García-Manjón 和 Romero-Merino（2012）发现在创新型的高科技企业中，两者关系变得更为紧密。在医药产业中也存在这种正相关，如 Hsieh 等（2003）使用美国医药和化工行业数据，发现研发投入能促进企业利润、营收、销售收入的增长。一些研究表明，这种正相关存在条件约束，如研发项目的持久度、滞后性（Chambers et al.，1998；张信东和薛艳梅，2010；贾友红，2017；姜婷和张保帅，2019）、企业的行业领先地位（Goedhuys and

Sleuwaegen，2016）。

第二，个别研究发现研发投入与间接产出呈倒"U"形关系或者不相关。韩先锋和惠宁（2016）对战略性新兴企业 2011～2015 年数据研究发现，研发投入与企业绩效呈倒"U"形关系；还有一些研究发现两者并无显著关系（Bottazzi et al.，2001）。陈收等（2015）对 78 家高新技术公司研究显示，研发投入与企业绩效在成长期正相关，但在成长期以后无显著关系。学者大多认同研发投入与企业长期价值并不显著相关，仅个别学者持不同观点，如周江燕（2012）认为我国制造业上市公司研发投入与企业价值正相关；郝颖和刘星（2010）研究表明，我国市场化程度较低，研发投入的长期价值效应未能彰显。

（三）多种影响因素共同作用

技术创新是宏观经济增长的源泉，也是微观企业获得竞争优势的必要条件。大量理论研究关注哪个（些）因素影响了技术创新，宏观经济学家强调资金、人力、政府政策与补贴、知识产权保护等因素的作用，微观经济学家和管理学者强调市场结构、企业规模、企业家等因素的作用。就医药企业技术创新的影响因素而言，宏观上涉及医药卫生体制改革，微观上涉及如何具体激励研发人员，范围之广难以穷尽，为了突出研究重点，必须结合医药企业实际情况、医药产业发展阶段及需要和调研发现有所取舍，设定研究边界。本书研究企业的外部环境，其中，不关注除知识产权之外的法律因素，因为那些因素对医药企业技术创新无针对性影响。本书也不选择有些研究采用的"外部治理机制"框架进行分析，这是因为：一是外部治理对创新的影响主要来自市场激励和制度激励，其中市场治理的激励作用将在专门的市场因素分析中得以体现，制度治理又无法完全涵盖医药企业技术创新的全部外部制度因素；二是敌意收购对经理人员产生的威胁是市场治理激励的研究重点，分析师跟踪和媒体关注构成的市场压力近年来也成为研究热点，但前者不符合国内医药产业的发展实际，后者对医药企业技术创新的影响过于细枝末节。

第二章　医药企业及其技术创新

一、医药企业的识别

（一）医药企业与医药产业

医药企业的技术创新离不开医药产业。医药产业是中观层面定义，是国民经济活动中与医药研制、分配和消费有关的所有企业和组织的集合，涵盖了药品从原料到最终产品及其使用过程中形成和关联的各种活动（曾铮，2014）。从产业链的角度看，医药产业的核心层是医药研发与医药制造，为医药产业创造最主要的价值，与核心层存在上下游关系的属于支撑层，包括原料供应商（如原料药厂商）、药品流通企业、制药装备企业，与医药存在一定关联的可统称为关联层，包括医疗机构、监管机构、金融与风投机构、医药人才教育机构等。与其他产业不同的是，关联层对医药技术创新的作用至关重要。从创新链的角度看，医药技术创新活动的利益相关者众多，根据创新的流程可以划分为基础研究机构、转化研究机构、临床前研究机构（侧重质量与安全性）、临床研究机构（侧重安全性与有效性）、生产与工艺开发机构、药品审评与许可机构、新药研发服务外包机构等。官方统计数据体系比较完善的是医药制造业（俗称制药工业）。按照我国国民经济行业分类，医药制造业由原料药生产和药物制剂生产两部分组成，具体分为化学药原料药制造、化学药制剂制造、生物生化制品制造、中药饮片加工、中成药制造、兽药制造、卫生材料及医药用品制造等子行业。本书涉及的医药制造业主要包括化学药制剂制造、生物生化制品制造。

我国政府将各类人用医药企业归口于医药产业来进行准入、定价、医保等方面的统筹管理。根据工业和信息化部等多部门联合发布的《医药工业发展规划指南》，医药范畴包括生物药、化学药、中药、医疗器械、新型辅料包材和制药设备等子类。这也是近 20 年来，我国政府部门制定产业政策时通常采取的概念与范畴，但为了与国际主流概念保持一致，本书的医药产业主要领域包括生物药与化学药，不排除中药①，但不包括医疗器械。与其他高技术产业相比，医药产业的产业链较短、创新链较长，研发与生产密不可分，尤其是生物药生产工艺的技术门槛很高。此外，一些大药企常常与医药研发服务外包公司开展研发合作。因此，本书的医药产业主要环节包括医药研发与制造，以及医药研发外包服务。

归纳而言，本书研究的医药企业指处于医药产业核心层，以医药研发或（和）医药制造为主营业务的企业，可笼统分为化学药企业、传统生物生化制品企业与生物技术医药企业，不包括医药商业企业、兽药企业、中药材种植企业、医疗器械企业、卫生材料企业。其中，主要类型为化学药企业、生物技术医药企业。

（二）医药企业中生物药企业的识别

全球生命科学浪潮到来孕育了生物技术医药企业。从全球半个世纪的创新趋势看，药物研发持续升温，国际研发热点从化学药转向生物药。生物技术医药企业，主要是具备一定的科学野心，以研发生物技术新药为核心业务的企业。在欧美国家，这类企业大多选择在新药研发Ⅱ期、Ⅲ期临床时，将项目或整个公司出售给大型制药企业，一般不涉足产品获批上市后的生产与销售环节，仅个别企业会做出垂直一体化的战略选择。国际上，学术界、实业界通常使用"Biotech"一词指代生物技术医药企业（少数情况下会使用"Biopharmaceutical Company"一词）。该词字面意思本指生物技术企业，还包括生物技术农业企业、生物技术能

---

① 发达国家的"医药"概念一般不包括中药，并将中医药归为另类疗法。

源企业等，但因生物技术在医药领域的应用效果凸显，"Biotech"便用来特指生物技术医药企业，与之相对，"Pharma"通常被用来指代以化学药研制起家的传统跨国药企巨头，"Biopharma"则被用来指代由"Biotech"发展壮大到一定规模后的企业[①]。

二、医药企业的技术创新

企业技术创新越来越难以仅从内部审视。Rodríguez 等（2022）实证检验了不管是来自国内的还是国外的企业，外部知识源都对企业技术创新有着促进作用，国家制度性条件对这种关系具有调节作用。Staropoli（1998）关注到随着生物技术的发展，在医药产业出现了网络组织形式，是除研发合约、交叉授权、合资、收（并）购之外，新出现的一种研发合作治理方式。就医药的创新而言，外部知识源实际上是价值链的重要组成部分，而网络组织形式有利于形成创新生态，有必要从开阔的视角对医药企业技术创新刻画大的图景。

（一）价值链视角的医药企业技术创新

遵循创新链的普遍定义，医药创新价值链是由技术开发、技术成果转化、产品商业化这三个相互衔接、逐步推进的阶段构成的链式结构，反映了医药科技成果价值实现过程（王红悦和茅宁莹，2020）。如图 2-1 所示，药物发现与开发是医药产品生命周期的最初起点，是医药创新价值链的创意阶段；高校、科研机构和少部分企业在该阶段投入科学家、资金、实验室设备，进行相关基础研究，产生专利、论文等知识产出；技术成果转化阶段包含了从临床前试验到临床研究，历经小试、中试后直至产业化的过程，医药企业会加大资金、设备和人力资源投入，对一次产出即知识产出进行开发和生产，转化成药品等实物产出，医药产品

的临床价值在该阶段得到大幅增值；最后阶段是产品化的医药科技成果在市场上（常通过医疗系统）的销售，医药制造或流通企业会追加在营销上的各项投入，使药品能充分实现经济价值，从而产生收入、利润等创新链的最终经济性产出。单家医药企业的技术创新通常覆盖技术开发的靠后阶段、技术成果转化的全过程、产品商业化的大部分过程或全过程。

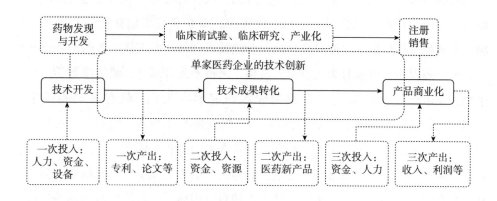

图 2-1　价值链视角的医药企业技术创新

资料来源：根据王红悦和茅宁莹（2020）研究调整修正。

（二）生态视角的医药企业技术创新

1. 医药企业所在创新生态的界定

虽然创新生态目前还没有统一的定义，但创新生态的研究已从国家层面延伸到了产业与区域。对于国家创新生态与产业创新生态的关系，大多学者都认为国家创新生态是从系统、协同的角度来看待产业创新，由企业、政府、中介机构、科研院所、大学和外部环境等构成，它们之间不断交流，并与外部环境相互作用促进产业的发展，也就是说，产业创新生态是国家创新生态的应有之义，只不过国家创新生态包括众多彼此交织的产业创新生态而已。

这里根据本书的研究目的，对产业创新生态的最新界定进行回顾。林婷婷（2012）从可持续发展的角度，认为产业创新生态是由内部企业、科研院所、高校等群落与外部市场、资源等环境通过物质、能量和信息流互相作用而形成的复杂开放系统。单蒙蒙等（2017）提出，产业创新生态是由企业、载体、服务支持体系、人才、政府及整体创新环境组成的一个动态有机体；生态内的每个构成要素之间持续地交换信息、资金、能量及价值，它们相互关联、动态演化，系统自调节、自维持并达到动态平衡。

医药企业技术创新非常依赖整个创新生态的支撑，不好的创新生态会抑制企业创新的积极性。以生态中的政策要素为例，政府制定的一系列促进技术创新的政策，如研发补贴、税收减免、水电优惠等，对企业技术创新活动产生直接影响，尤其是一些政策专门针对推动医药企业技术创新。由于我国医药产业比较落后，产值规模小，也没有明星企业，长期以来得不到管理学、经济学等学术界的重视，在医药产业创新生态方面的深入研究寥寥无几，仅有高宏和茅宁莹（2019）等个别学者进行过笼统的研究。根据吴金希（2014）的定义，医药产业创新生态，是高校、科研院所、药企、医院等多个创新主体之间，基于生命科学人才、医药—医疗—医保市场、健康文化等共同的无机环境，相互依赖、共生互利，具有一定的动态性、平衡性、独立性的自组织体系。若从技术创新的角度出发，可以将医药产业创新生态进一步界定为：存在着公共部门和私人部门中的机构所构成的创新网络，机构行为和相互作用激发、引进、扩散、改变、发展着新知识、新技术，种种机构的能力和结构决定了医药技术学习的速率和方向，这个创新网络决定着医药产业的创新绩效，提供了政府研究制定创新政策的参照框架，这个创新网络根植在一个国家之内，但也与国外发生着相互作用。

2. 医药企业所在创新生态的构成

创新生态不仅包括核心企业及其他企业、平台、应用方、群落、政府等实体要素，还应包括非线性、迭代的、非次序的价值创造，而这种价值创造来自创新生态的动态演化、网络化、共生与竞合所代表的自组织生长等非实体要素。国内学术界对于医药企业外部环境中的多个要素或者组织方式、市场结构等个别要素进行了一些研究，但较为碎片化，也没有关注整个生态中要素之间的关系及作用。创新生态视角的医药企业技术创新不仅包括单家企业内部的技术创新活动，还包括企业与整个生态的交流与互动。

对应常见的创新生态理论框架，"供给—需求"型医药产业创新生态分析模型如图2-2所示。供给方为药企，需求方为医院、患者，需要指出的是，患者的医疗需求为直接需求，对药品的需求为衍生需求①，医院、患者在创新产品的供给中均发挥着重要角色，医院为新产品研发过程提供Ⅲ期临床载体与服务，并根据实际临床效果向研发者提供反馈与新产品需求等，患者参与新产品研发过程中的临床测试，为研发者提供宝贵的临床数据。

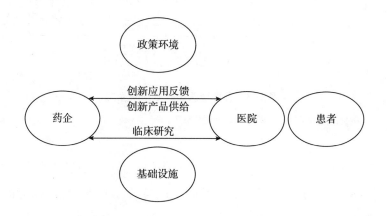

图2-2　"供给—需求"型医药产业创新生态

资料来源：笔者根据研究整理。

一般认为，自然观下的生态是在一定时空范围内，生产者、消费者和分解者三种有机群落与无机环境通过能量流动、物质交换而形成的动态平衡系统②。在产业创新生态中，通常是依靠知识、信息、资金等的流通与交换实现了动态平衡。若以生态学为隐喻，可以刻画出种群型的医药产业创新生态模型，如图2-3所示。在图2-3中，高等院校、科研院所、大企业中的研发部门为生产者，药品研制企业为消费者，直接享受生产者的创新成果，药品流通企业、大企业中的市场部门、医院等为分解者。

---

①　衍生需求（Derived Demand）是由于相关商品或服务的需求而导致的对某种商品或服务的需求。

②　进一步来讲，绿色植物作为生产者通过光合作用合成有机物，供给自身成长发育，也为消费者和分解者提供营养物质和能量；人和动物等消费者不能直接依靠自身获得成长发育需要的物质，只能直接或间接地以绿色植物为食获得物质和能量；分解者通常是真菌、细菌等，它们进行物质分解，释放能量供生产者再利用，是生物群落与无机环境之间的桥梁，使生态系统完成循环。

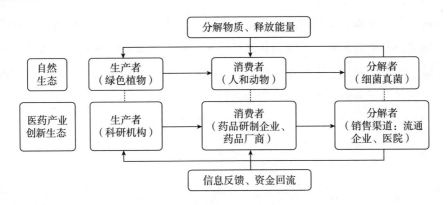

图 2-3　种群型医药产业创新生态

资料来源：根据高宏和茅宁莹（2019）研究调整修正。

高宏和茅宁莹（2019）还提出了更为深入的医药产业创新生态架构，将开放式创新、协同共生、自组织演化、环境匹配视为运行机制。在该研究的基础上，笔者提出混合型的医药产业创新生态模型，如图 2-4 所示。

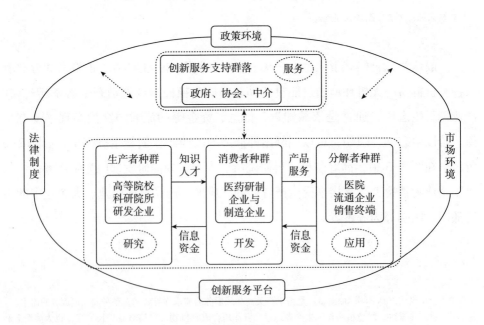

图 2-4　混合型医药产业创新生态

资料来源：根据高宏和茅宁莹（2019）研究调整修正。

第三章 医药企业技术创新与企业成长、产业发展

一、医药企业技术创新的特点

医药产业的企业技术创新与其他行业的企业技术创新相比，也具有正外部经济性、投入产出关系的不确定性、由多种影响因素共同作用等一般属性，但医药企业技术创新还具有内在"三高两长"的创新规律，并且受到企业外部规制约束较多，两者加深了医药企业技术创新的一般属性，这构成了医药企业技术创新的独特性。此外，医药技术创新的复杂性助推其线性至网络范式的演化。

（一）内在创新规律："三高两长"

根据第一章对技术创新类型的划分，医药企业技术创新也可以粗略进行相应的类型划分。在产品创新方面，新型药物研发（俗称"新药创制"）一直是全球医药产业发展的重点和核心。21世纪之前，以化学药产品创新为主，而后随着对化学药技术边界的逼近及新的生命科学浪潮的到来，生物药产品创新逐渐占主导地位。在过程创新方面，新型给药系统研发目前是国际热点之一。新型给药系统可以大幅提高疗效，相比新药研发，周期短、投入少，一个新型给药系统只需要不到5年，花费不到5000万美元就可以上市，而且市场潜力大，如美国给

药市场销售额在迅速提升，21 世纪初不足一亿美元，现已超过千亿美元。

结合施伯琰和王英（2007）的分析，医药企业技术创新内在规律可归纳为高投入、高风险、高收益、周期长、创新链长（简称"三高两长"）。医药企业技术创新开端于新药发现，其为一项包含分子生物学、基因组学、系统生物学知识与技术的复杂系统工程；结束于以药品制剂的形式来满足临床需求。新药研制从药物发现到最终转化为产品需要经过多个步骤：实验室研究、中试、临床试验（Ⅰ期、Ⅱ期、Ⅲ期）、规模化制造、向监管部门提出注册申请并获得审批上市等。该过程一般需要数年，甚至十余年，花费在数亿美元到十多亿美元不等。有研究表明，一个新药的研发平均需要 10~15 年，成本超过 13 亿美元（DiMasi and Grabowski，2007）。各类药物临床前研究所需时间差别很大，有的可能在人体实验前几十年就开始了临床前研究。新药研发成功率低，从临床Ⅰ期到上市的成功率不足 10%，而肿瘤药物只有 5%左右。据有关分析，美国药企的药物研发从靶点识别到首次获批上市平均需要 14 年之久，进入临床Ⅰ期的最终上市概率仅为 9.6%[①]。我国的仿创药研发也呈现这一特征，张世贤（2005）实证研究发现，我国医药制造业研发存在"阈值效应"，流量、压力、能量都到"临界值"时才能获得预期效果。以恒瑞医药的肿瘤药吡咯替尼为例，该药品 2011 年 5 月申报临床，2018 年 8 月以Ⅱ期临床数据获批上市，历时 7 年多，累计研发投入约 5 亿元。创新药拥有垄断期与较强的定价权，这是因为化学药相应的分子结构或生物药的氨基酸序列结构受到专利保护，在专利保护期内不允许被仿制。故而一些新药的利润回报率很高，上市后 2~3 年即可收回所有投资，利润回报可高达 10 倍以上。例如，20 世纪 80 年代，一家瑞典的中型规模企业阿斯特拉，成功开发了胃溃疡治疗新药奥美拉唑，而后不到 10 年的时间便跻身为世界制药业十强[②]。中枢神经系统、肿瘤等领域的药品往往定价更高，研发投资回报更大。

生物药创新"三高两长"的规律相比于化学药更为突出。用熊彼特的术语来说，就 Pharma 而言，Biotech 是能力摧毁式创新（Competence-Destroying Innovation），因为前者的研发基于有机化学及其临床应用，后者的研发建立在分子生

---

① 数据来源：2017 年 *Nature Review Drug Discovery* 报告，转引自高特佳投资集团董事长蔡达建在 2018 年深圳 BT（生物技术）产业领袖峰会期间的公开讲话报道。

② 瑞典阿斯特拉公司后与英国捷利康公司合并为英国阿斯利康公司。

物学和免疫学等全新的科学基础上——药物发现的性质被改变了。此外，Biotech研发管线生命周期通常囊括了成功率最低的临床Ⅱ期及之前的一系列研发流程。企业从成立到有回报的时间非常长，从科学发现到商业化的整个进程平均长达15年（Khilji et al.，2006）。典型生物药技术创新周期如图3-1所示。

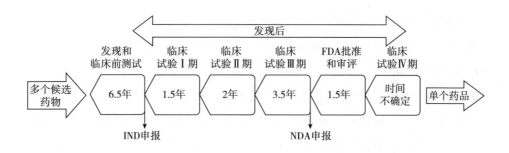

图3-1　以美国监管环境为参考的典型生物药技术创新周期

资料来源：根据相关文献整理翻译。

（二）外部规制约束较多

医药非普通消费品。医药技术创新以生命现象为对象，创新产出用于预防、诊断、治疗疾病，直接关涉到人类的健康和生命。医药作为特殊商品，其技术创新全过程受到很强的外部规制的约束，主要包括四个方面。

1. 行政管理

发达国家和发展中国家都对医药企业技术创新全流程制定了严谨的管制举措，从研究，到生产，再到应用予以全过程监督和管理。例如，美国食品药品监督管理局（FDA）在新药审批环节，一直在不断修订完善关于药品安全性、有效性的标准。我国国家药品监督管理局、卫生健康委、医疗保障局分别主管药品的研发、生产与流通，使用，集中采购与定价，制定出台了多项规章制度，而且在不断地修订完善管理细则。其中，新药能否上市是新药技术创新是否成功的重要标志，在这一环节上不同药品所面临的准入程序有所不同，如针对罕见病、儿童群体、癌症的药物通常会有审批的特殊通道。

2. 专利制度

专利制度设置的初衷是既允许一定时期内超额利润的存在来激励创新，也允许专利过期后的仿制药研制来鼓励技术扩散，提升大众健康福祉。专利到期是一个药品完整生命周期中的关键节点，每年全球都会有若干原研药专利到期，如在2021~2026 年，达雷妥尤单抗、度拉糖肽、奥妥珠单抗等生物药化合物专利到期①（见表 3-1），将会面临生物类似药的挑战。当原研品牌药专利到期而失去专利保护时，大量的仿制药②就会涌入市场，仿制药不需要巨额的研发投入，定价往往为原研药的几十分之一，原研药为了尽量维持市场份额，会采取大幅降价策略，但总体销售额会大幅缩水，随之而来的就是利润的不断萎缩，业内称之为"专利悬崖"（Patent Cliff）。因为药品的可及性关乎民生，很多国家支持本国企业仿制他国新药，制定了鼓励"首仿""强仿"的政策。此外，需要指出的是，生物药仿制所需的技术创新门槛高于化学药仿制，前者常被称为"生物类似药"（Bio-Similar），后者常被称为"化学仿制药"，有时"仿制药"特指"化学仿制药"。

表 3-1 2021~2026 年序列专利到期的重磅生物药

药品名称	上市时间	研发公司	2020 年销售额（亿美元）	到期时间
贝利尤单抗	2011 年 3 月 9 日	GSK	9.29	2021 年 6 月 15 日
乌司奴单抗	2009 年 1 月 15 日	强生	77.07	2021 年 8 月 7 日
Mogamulizumab	2012 年 3 月 30 日	Amgen/Kyowa Kirin	—	2022 年 8 月 30 日
奥瑞珠单抗	2017 年 3 月 28 日	Roche/Biogen	48.45	2023 年 12 月 16 日
度拉糖肽	2014 年 9 月 18 日	Eli Lilly	50.68	2024 年 6 月 10 日
Teprotumumab	2020 年 1 月 21 日	Genmab/Roche	—	2024 年 7 月 9 日
奥妥珠单抗	2013 年 11 月 1 日	Roche	7.02	2024 年 11 月 5 日
达雷妥尤单抗	2015 年 11 月 16 日	Genmab/强生	41.9	2026 年 3 月 23 日
依奇珠单抗	2016 年 3 月 22 日	Eli Lilly	17.88	2026 年 12 月 5 日

资料来源：医药魔方公开报告《2021—2026 年专利即将到期的重磅生物药》。

---

① 对于单抗来讲，最核心的专利就是化合物和序列专利。
② 在我国部分场合也称"通用名药"。

面对不可避免的"专利悬崖"与仿制药企业的紧紧跟随战略，国内外大型制药企业会想方设法通过种种策略延长药物专利期，布局有层次和梯队的专利期限保护，还会通过自己或授权其他独立仿制药企业销售仿制药，以此维持较长时间的高利润。例如，按照美国 FDA 的规则，将自己的专利药授权成为"授权仿制药（Authorized Generics）"，除了没有商标、价格更低，其他方面和原来的专利药完全相同，能够有效保持该产品的市场份额。

专利制度是否有利于实现激励创新的初衷受到一定质疑。通行的 20 年专利保护期有一段会用于注册过程，实际垄断期被压缩，企业会面临很大的前期投入回收压力。以美国为例，平均每个新分子实体（New Molecular Entity，NME）新药花费 50 亿美元，有 5 年的数据垄断（Data Exclusivity）和 3 年的市场垄断（Market Exclusivity），每个 NME 第 5 年的销售额约 5.22 亿美元[1]，回报前景堪忧。因此，一些学者提出了专利制度替代方案。例如，Grootendorst 等（2011）研究认为，专利制度阻碍了一类新药的产生和药物回报，建议采用政府补贴基础研究和Ⅲ期临床试验，以及基于效果的新药回报方式作为替代方案。

3. 定价机制

信息不对称是医药经济运行中的普遍特征，医生和患者之间、患者和医保之间、医院和医保之间都存在着大量的信息不对称，这导致了医药市场供需难以依靠市场价格调节至均衡，因此世界上很多国家的政府都实施对药品的价格管制（Drug Pricing）。医药作为医疗的衍生需求，合理的价格应该既能反映医药的供需关系，也能反映医药的临床价值。药物经济学评价是衡量药品价值的定量方法，有助于减少各方的信息不对称，并指引合理价格的形成。经过多年的实践，药物经济学评价体系日益丰富，已经能够反映创新、病种、人群等多种现实因素，在欧美发达国家得到了充分应用。

4. 医保体系

比发展中国家更为精细化的管理是，欧美发达国家对药品的采纳（Adoption）一般取决于其创新性和经济性，一个药物仅仅是上市（Market Entry）并不

---

① 2017—2022 年全球医药市场分析和展望［EB/OL］.（2018-03-01）［2022-09-01］. https：//www.cn-healthcare.com/articlewm/20180301/content-1022870. html.

算万事大吉，还必须具有一定程度的成本效益（Cost-Effectiveness），这样才会被医保体系纳入并给予偿付。欧洲主要国家将药物经济学评价与医保直接挂钩，美国也将药物经济学评价作为医保的重要参考。

（三）创新范式的变化：从化学药到生物药，从线性到网络

与一般的技术创新相比，医药技术创新具有以下复杂性：

第一，创新风险点多。在新产品初始开发阶段，要经过多次化学物质的设计、筛查和处理，随机性强、失败率高；科技成果转化中，临床前和临床试验耗时数年，每一关卡都存在失败风险；在医药产品制造中，剂型、剂量、产品包装的不合理都会影响产品的稳定性和疗效；在商业化阶段，政府部门对医药创新从准入到定价全程监管，具有很高的进入壁垒。

第二，创新主体分散。医药创新链较长，利益相关者众多。高校和科研院所主要在技术开发阶段创造知识；医药企业尤其是大中型药企开展医药开发、制造和商业化，小微型企业可能仅从事科技成果转化；医药研发外包公司为跨国公司和大型药企提供研发服务。

这样的创新复杂性导致了医药企业技术创新的范式逐渐转向网络创新，这点在生物药中表现得更加明显。

很多学者在研究中都提到过 Biotech 技术创新的特点，其主要包括：一是比大企业更灵活敏捷，更不规避风险，创新更为激进；二是拥有隐性知识，需要基于科学的互动才能实现知识产出与经济价值挖掘；三是 Biotech、研究机构、Pharma 的合作成为行业规范，这使得能 Biotech 更便捷地链接到资本、知识，对新进展有更快和更灵活的反应。从创新网络视角看，Biotech 掌握利基技术，成为创新网络中除大企业、明星科学家、科研院所、高等院校之外的新增节点，与大企业相比，这些小企业与科学界的联系更紧密，创始人往往也在科学界工作，还在公司身兼数职，既是发明者、企业家，也是实验室带头人（Galambos and Sturchio, 1998）。通过对研发支出全球领先的 126 家公司的创新过程开放程度测量，Michelino 等（2015）认为 Biotech 的创新比传统医药企业更为开放，具有边界可渗透、基于项目的组织方式、专业化服务团队、扁平化、股权激励等特征。从创新链视角看，Khilji 等（2006）提出，简洁的创新管理线性模型突出了新药

研发的两阶段特征，前一个是发现前阶段，以基础研究为导向开展创新，没有有形产品，很难吸引私人投资者；后一个是发现后阶段，有有形产品，以商业化为导向开展创新，要承担投资回报的压力，Biotech 研发活动主要处于阶段 2 与阶段 3（见图 3-2）。结合上述分析，本书将生物技术医药企业技术创新特点归纳为七个方面：①创新规律，开放式创新，高投入、高风险、高收益；②创新驱动力，技术驱动而非市场驱动的创新；③创新领域，基于利基领域的创新；④创新链位置，处于药物创新链的前端；⑤创新成果，发展初期没有有形产品；⑥创新作用，产学研合作的关键桥梁；⑦创新网络，与 Pharma 互利共赢的合作关系。此外，在现实情况中，这种企业的组织形式多为中小企业；要经历一段较长的研发投入巨大却缺乏盈利能力的时期，故而有比较强烈的融资需求和上市意愿。

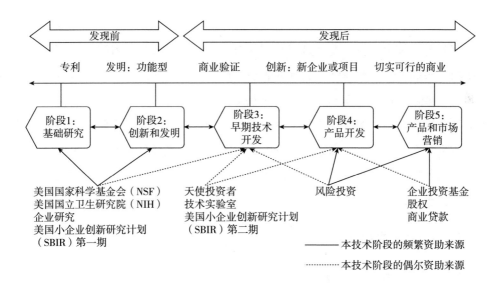

图 3-2　以美国产业环境为参考的典型生物技术药创新链

资料来源：根据相关文献整理翻译。

需要指出的是，关于医药技术创新存在许多争议。在药品知识产权、定价、偿付、公共研究领域，学术界、产业界、政界、媒体、公众多年以来争论不休，但各方立场均认为应该追求医药技术创新，只是对其内涵和外延理解不一致。在这样的情况下，Morgan 等（2008）试图进一步澄清什么属于医药创新，其观点包括，创新意味着有独特的价值，但有价值未必代表是创新的，医药的价值不体现在颜色、味道、商标，而体现在医疗结果（Outcome）；新产品不能涵盖医药创新，如新化合物不能产生疗效就不能称之为医药创新；有疗效的标尺也不能涵盖医药创新，如仿制药具有一定的治疗效果，但不能称之为医药创新。然而本书认为，仿制药研制应该属于医药技术创新，尤其是开发技术难度相当大的生物类似药，至于其是否能进一步归属于医药产品创新，还需要具体问题具体分析。

二、医药企业技术创新与企业成长

直观上，技术创新，尤其是产品创新对于医药企业成长起着决定性作用。世界制药巨头的销售业绩与拳头品种的表现高度相关，这些品种是技术含量很高的专利药，被业内称为"重磅炸弹"，一些股市表现突出的小企业，也往往具有很强的技术创新能力。医药企业技术创新是本书的研究对象，但由于技术创新活动本身较难观测与描述，本书第四部分的比较案例分析选择将企业成长视为技术创新能力的外在表现加以重点刻画，因此有必要在这里对医药企业技术创新与企业成长进行更深入的探讨。

（一）理论依据与分析

1. 基于交易成本的医药企业技术创新与成长

20 世纪 30 年代末，科斯（Coase）在《企业的性质》一书中提出，企业与市场是两种不同的、彼此替代的资源调配机制，由价格机制，即"看不见的手"，来协调市场上的交易，而许多原本属于市场的交易被企业内化，行政权威则可取代价格机制来调配资源。科斯还指出，由于存在管理收益递减，企业将扩张至在企业内部组织一笔额外交易的成本，等于在市场上或另一家企业中组织同样交易的成本。交易成本理论在一定程度上解释了企业的出现，并采用交易成本这个工具量化了企业最佳规模。通常，医药企业会根据技术创新的成本（及其他因素），选择灵活多样的技术创新组织方式，可以将整个研制过程或部分研制环节放在内部开展，也可以通过委托合同研究或合作研究放在外部（市场）完成，随着企业成长，还可以通过收（并）购等方式将外部化的研发内部化。随着技术创新网络化范式的兴起，企业的组织边界变得模糊，这对技术创新成功与否的界定带来难度，需要厘清产品技术创新与企业技术创新的关系。例如，对于企业而言，即便该产品技术创新最终没有成功，但如若前期开发较为顺利，予以转让并获得了相关费用，也属于企业技术创新的成果，给企业成长带来益处；反之，如果某企业在某产品技术创新中进展不顺利，放弃了该项目，而其他企业看好该项目并且接手过去，最终取得了此产品技术创新的成功，原企业的那个技术创新行为仍旧算是不成功的，无法给企业成长带来增益。

2. 基于竞争优势的医药企业技术创新与成长

以迈克尔·波特为代表的竞争优势理论学派，主要从外部分析了企业成长的制约因素，将特定产业中的市场力量归为五种——买方、卖方、竞争对手、潜在进入者、替代品，其认为企业成长取决于所在产业发展及五种力量对比，企业战略影响这些力量，并进一步影响竞争和产业结构。波特提出通过对企业的价值链分析来确定企业的竞争优势，可采用差异化（Differentiation）、成本领先（Overall Cost Leadership）、目标聚焦（Focus）战略。人类疾病种类繁多，还涉及不同亚型、不同群体，而且由于准入、定价、医保等政策，国家地区之间的市场是分割的，相比其他行业而言，医药企业很容易就可以聚焦目标并采取差异化战略，这是一种自然而然的行为。成本战略对于医药企业竞争力确立没有大的作用，有研究发现，医药企业应该更重视早期研发，如 Paul 等（2010）建议将资金与人才等资源聚焦于发现研究（Discovery Research）和早期转化医学（Early Translational Medicine），来提高研发效率。技术创新能力较强的医药企业在创立初期通常采用目标聚焦战略，试图研制成功一两种新药或者取得里程碑式进展，以此获得高成长性并吸引投资，之后扩充研发管线，采取差异化战略，在多个细分领域同步开展新药研制，既能管控研发风险，也能获得更多投资；而技术创新能力一般的医药企业通常采用成本领先战略，开展仿制药与生物类似药研制，积累到足够的销售规模与利润后，个别企业开始采用目标聚焦及差异化战略开展新药研发。

3. 基于内部资源与能力的医药企业技术创新与成长

彭罗斯（Penrose）从内部探讨企业成长机制，通过构建"资源—能力—成长"框架，指明企业成长的重要动力是企业内部资源，决定企业能力的基础来自企业的资源，企业获得持续竞争优势的源泉是资源和能力。主要观点包括①：企业不仅是一个管理单元，也是以获取和组织资源盈利性为功能的行政框架之内的资源集合，这里的资源包括人力资源与物力等非人力资源；由于理性和能力有限性、资源不可分割性、资源间不平衡性，企业总留有未利用的资源，企业成长便是永无止境的资源挖掘利用过程；企业成长不仅指规模扩大，内部经济性更为重要，规模经济只是成长经济的副产品。彭罗斯认为企业能力决定企业的成长速度、方式和边界，与企业成长多元化的可能性高度正相关，管理能力是企业能力的关键，产品创新、组织创新等创新能力对企业成长也很重要。医药企业自身资源对于企业竞争力与成长非常重要，管理能力较强的企业成长路径更偏多元化，在技术密集这一特定产业背景下，此类企业的表现是会通过技术创新组织方式多元化实现成长。同其他行业一样，医药企业的竞争优势来源于自身配置、挖掘、利用、维护资源的能力。医药企业的核心竞争力就是配置、挖掘、利用、维护医药创新资源的能力，医药企业通过创造性地利用企业内部资源，不断加强显性知识和隐形知识的配置开发，塑造并运用医药技术创新能力，实现成果的阶段性产出或最终新药产品产出，来保证自身的竞争优势，实现企业的成长。

（二）生物技术医药企业技术创新与成长

生物技术医药企业多属于中小企业，必然面临中小企业的共性发展问题，即未来如何处理技术创新冒险与成长速度之间的一对矛盾关系——熊彼特式的创新一定程度上会不利于企业规模的扩张，但如若减少技术创新投入或降低创新的激进程度，则将削弱企业内生创新能力，失去 Biotech 的应有之义②。相较于线性创新管理模型，全面系统的创新管理模型更能够反映出 Biotech 成长所受到的外部

---

① Penrose E. The Theory of the Growth of the Firm ［M］. New York：Oxford University Press, 2009.

② 本书中的企业成长主要指由 Biotech 成长为 Biopharma，由 Biotech 成长为 Biopharma 类型之外的企业，不属于本书的关注范围。

约束。Khilji 等（2006）基于扎根理论，通过对美国 Maryland 的 8 家企业负责人深度访谈，提出了一个综合性的创新管理模型，包括从研发到市场的产品全周期，涉及科学进展、组织能力、市场三个创新因素，描绘了由组织内及组织间的关系构成的复杂网络，以及并行的、相互作用的、相互依赖的阶段。这个模型过于庞杂，但从中可以看出生物药创新的复杂程度，从而理解 Biotech 小企业与大药企合作，以及 Biotech 小企业未来权衡技术创新与成长的必要性。我国 Biotech 的创新也大致适用于这类管理模型（见图 3-3）。张林格（1998）在以往学者研究的基础上，提出了三维空间企业成长模式：在企业成长过程中，竞争力随着规模扩大而增强，当企业规模超过最优水平时，竞争力开始下滑；企业因达到最优规模而迈上多元化道路，多元化效应使得企业竞争力进一步增强，但当企业的多元化率超过最优水平时，将呈现竞争力停滞或下降趋势。对于 Biotech 而言，由于单品种的市场容量有限，多样化品种研发与经营是规模经济的重要方式，企业的成长并不遵循先规模再多元化的模式。此外，从 Motohashi（2012）对日本、美国 Biotech 的对比分析可知，技术创新风险偏好与成长性是日美两国企业的重要区分维度；同样地，这也能够成为区分中美两国 Biotech 的重要维度，关于这点将在第四部分详述。

根据上述分析，本书按照技术创新风险偏好、成长性两个维度对 Biotech 进行类型划分。按照风险偏好分为高风险偏好型与中高风险偏好型；按照成长性分为扩张型与非扩张型[①]。因此，Biotech 可以分为四类企业：①高风险偏好、非扩张型；②中高风险偏好、非扩张型；③高风险偏好、扩张型；④中高风险偏好、扩张型。这种划分的意义在于，可以更好地观察、理解与描述生物技术医药企业技术创新与成长的关系。

事实上，对于某些从事生物药研发的企业来说，所承受的成长挑战已经超出了创新的范畴，颇具创业的意涵。以创业为导向或具有创业姿态的公司往往如此：乐于承担某种充满风险的投机后果，率先开展主动式的创新，富有对竞争对手的攻击性（Miller and Friesen，1982）。从所发布的愿景看，一些 Biotech 或者传统药企中开发生物药的战略事业单元（SBU）更像是创业导向型组织，它们在

---

① 本书的扩张主要指产业链上下游的纵向扩张，以及研发管线的横向扩张。

承诺的技术或者产品领域，设计、实施创造性行为来发展现在及将来的企业竞争优势。

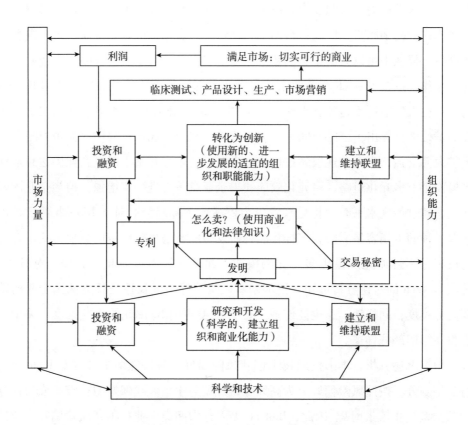

图3-3 以美国产业环境为参考的典型生物技术医药企业创新管理模型
资料来源：根据相关文献整理翻译。

三、医药企业技术创新与产业发展

医药产业是典型的技术密集型产业，是创新驱动的高附加值产业，与化学、药理学、生命科学、生物技术、临床医学、计算机科学等多个领域的科研机构保持着密切互动,有着独一无二的技术创新驱动发展模式。一是要高度依赖生命科学,从天然产物分离纯化再到有机化学合成,从细胞理论再到基因重组,从抗菌研究再到生物技术,这些科学技术革命都推动了医药产业的增长;二是要基于多学科交叉,医药产业的一系列技术创新成果是对生命科学、化学、生物技术等学科的成就的整合,医药技术创新的飞跃发展与人类知识积累息息相关,从发达国家经验看,美国、英国、德国、法国、瑞士等发达国家在全球医药产业中遥遥领先于其他国家,是源于这些国家在药理学、化学、生物技术等相关领域的深厚积淀与领先地位。

医药企业技术创新在医药产业中扮演了重要角色。从全球看,医药产业是研发投入最多、强度最高的产业。欧盟发布的报告显示[1],2019 年,美国强生、默克、辉瑞、百时美施贵宝、艾伯维、礼来,瑞士罗氏、诺华,法国赛诺菲,德国拜耳,英国阿斯利康、葛兰素史克研发投入超过 30 亿欧元(见表 3-2),其中,强生、罗氏甚至超过 100 亿欧元,远高于其他行业的跨国公司,经对全球研发投入前 2500 名的企业统计分析,医药行业(Pharmaceutical & Biotechnology)R&D投入总和为 1668 亿欧元,投入强度为 15.4%,两个指标均位列第一,较多领先于第二的软件与计算机服务行业(Software & Computer Services,R&D 投入总和为 1427 亿欧元,投入强度为 11.8%)、第三的硬件与装备行业(Technology Hardware & Equipment,R&D 投入总和为 1396 亿欧元,投入强度为 9.0%)。

表 3-2 2019 年全球医药企业研发投入排名

排名	企业	国家	R&D 投入(百万欧元)	销售净额(百万欧元)	R&D 强度(%)
1	罗氏	瑞士	10753.2	56511.3	19.0
2	强生	美国	10107.7	73045.2	13.8
3	默克	美国	8234.8	41694.9	19.8
4	诺华	瑞士	7713.2	44940.4	17.2
5	吉列德	美国	7393.6	19983.1	37.0
6	辉瑞	美国	7373.2	46065.5	16.0
7	赛诺菲	法国	6015.0	36126.0	16.7

---

① 内容详见 *The 2020 EU Industrial R&D Investment Scoreboard*。

续表

排名	企业	国家	R&D 投入（百万欧元）	销售净额（百万欧元）	R&D 强度（%）
8	拜耳	德国	5628.0	46287.0	12.2
9	百时美施贵宝	美国	5373.9	23273.1	23.1
10	葛兰素史克	英国	5068.0	39425.2	12.9
11	艾伯维	美国	4813.1	29611.9	16.3
12	阿斯利康	英国	4795.3	21705.5	22.1
13	武田制药	日本	4014.2	26848.1	15.0
14	安进	美国	3663.9	20795.8	17.6
15	勃林格殷格翰	德国	3462.0	18997.0	18.2

资料来源：根据公开资料整理。

竞争优势理论学派认为，不仅企业成长取决于所在产业发展及五种力量对比，而且反过来，企业战略能够影响这些力量，并进一步影响竞争和产业结构。大型跨国药企的确是能够通过实施战略来影响全球产业结构。但总体上说，目前我国医药企业还不具备影响医药产业结构的能力。在我国，医药企业技术创新的水平难以摆脱产业环境的束缚，这是因为我国药企实力普遍偏弱决定的，也涉及我国医药产业创新生态对企业行为的制约，企业在生态中，就好比一粒棋子在棋盘中，一棵树木在森林中，作为个体很难不受到整体的牵绊。与一般的创新生态相比，医药产业创新生态具有以下显著特征，会对企业行为有所制约（以我国情况为例）：

第一，显著的依赖性。这种依赖性是双刃剑。一面是凝聚性。其不仅体现在空间地理的接近性，如某些区域已经形成了医药产业集群，而且还体现在文化、思维、人员的流动上，药企之间、医院向药企、科研机构向药企有着较为频繁的人员流动，这些人员往往说着同样的行话，有着同样的思维定式，会被这个生态所束缚。在现实世界，很难看到医药产业的专业人士跨界发展，也几乎没有其他行业的从业者跨界到医药行业取得重大成功的例子。另一面是锁定性。在医药产业创新生态中，一旦共生共荣和依赖关系形成，便产生了路径依赖，整个生态对个体有着某种程度的锁定效应，该个体经年累月发展出来的知识、能力、经验只适用于这个生态，对于别的生态而言价值十分有限，这导致该个体即便已不适合该生态，但只能在原有生态中继续存活与发展，锁定性能够在很大程度上解释为什么我国存在众多僵尸药企，"小、散、乱"的医药产业结构长期以来难以优化。

第二，显著的竞合性。在医药产业创新生态之内，科研机构、药企、医院之间存在着利益诉求的不一致，如医院希望使用疗效最好的药品，对药品价格和是否为本土研制并不敏感，药企希望医院使用自己的产品，科研机构以文章与职称为导向，不关注临床价值。科研机构、药企、医院三类种群内部存在着竞争，但种群之间更加显示的是一种合作性，有着共同语言、行为模式、文化基础，能够相互理解，并在很大程度上彼此认同，已经超越了单纯的市场买卖关系，有着对未来的共同利益期望之下的长期信任，"创新投入低"是整个生态演化的一种结果，甚至可以说是一种共谋与规则，不是任何个体的责任。

第三，显著的网络性。在长期博弈的过程中，各个创新主体摸索出最擅长的细分领域，科研院所、企业、医院分别擅长基础研究、产业化研究、临床研究，彼此分工协作，规模经济与范围经济让位于网络效应，实现了整体大于局部之和，提升了整个系统的创新效率和在国民经济与社会发展中的价值，整体又反哺了局部，可谓一荣俱荣、一损俱损。网络中人才、信息、技术、资本的流动，产生了正强化循环，也就是创新网络的网络效应。如果这个网络创新能力一般，位于其内的单家企业很难有超过网络很多的创新能力。

第二部分

什么在影响医药企业技术创新

我国医药企业技术创新投入低是一种现象，这种现象背后的深层次原因是什么？这需要从理论和现实两个方面入手分析。第二部分主要完成理论的分析，第三部分和第四部分主要完成现实的分析。对现有相关文献梳理分析是进一步开展研究的基础。作者从 2017 年底开始，对技术创新、企业成长、产业集群、产业组织进行了系统研读，针对技术创新影响因素的热点收集了大量的相关文献并进行梳理，对医药产业研究报告、媒体报道、典型公司年报进行了广泛阅读。检索关键词包括"技术创新""医药产业""生物技术医药""产业组织""技术创新影响""企业技术创新""技术创新效率""技术创新能力""产业创新体系""国家创新体系"，以及这些单个关键词的彼此组合。笔者发现，对技术创新的研究体现在很多方面，包括技术创新被什么促进或抑制，技术创新对企业绩效及更宏观的经济影响，选取的行业通常是高新技术产业，如信息、新能源、医药等产业；还包括对技术创新本身的研究，如技术创新过程的拆解，技术创新效率评价，如何管理创新，以及技术创新是否具有价值。这些研究可以应用到医药领域。与本书密切相关的是技术创新的影响因素的研究。

在此基础上，第四章主要是对企业外部因素影响技术创新的研究进行了梳理，也对我国医药企业外部因素影响技术创新的文献进行了整理。在此基础上，提出了对现有研究结论的总结与理解，具体包括：一是现有研究普遍认为企业技术创新受到外部因素的影响；二是存在实证结果的多样性；三是国外研究结论对我国的适用性有限；四是关于我国医药企业技术创新影响因素的系统性研究不多；五是对我国生物技术医药企业及行业的研究尚处于空白。现有研究的不足具体包括：实证研究和产业发展现实结合不紧密；暴露出概念模糊的严重问题；很多研究集中在政策因素对企业技术创新的影响，这可能是因为政策可被观察并衡量，也比较具有现实意义，但关于政策对技术创新的作用机制和作用效果，学术界并没有统一结论。

第五章主要目的是通过详细的理论推导，分析医药企业外部因素影响技术创新的作用机制，进而将本书最初提出的研究设计转化为理论分析框架。第五章从技术创新的正外部性出发，结合医药技术创新与企业成长、产业发展之间的关系，基于技术创新的新熊彼特学派、制度创新学派、国家创新系统学派等理论，推导了宏观层次的要素分配，中观（产业）层次的市场、制度如何影响医药企业技术创新，构建了基本理论逻辑，提出了一个"外部因素影响医药企业技术创新"的多层次理论分析框架，为后续研究奠定了理论基础。

第四章　医药企业技术创新的影响因素：文献回顾与评述

一、为什么本书省略了医药企业技术创新内部影响因素

　　显而易见的是，任何的企业技术创新行为都是在内外部因素共同作用下完成的，必然会受到企业内外部因素的双重影响。同其他行业的企业一样，医药企业技术创新也是在内外部因素共同作用下完成的。但本书的重点在于研究医药企业技术创新的外部影响因素。主要考虑如下：

　　首先，不同产业的企业内外部因素对其技术创新的影响力度是不同的，医药产业的企业受外部因素作用更为强烈，无论是价值链视角还是创新生态视角看医药企业技术创新，企业所在的土壤是否"肥沃"都是相当重要的，这也在一定程度上解释了为何我国医药产业至今没有出现真正的具有核心竞争力的企业。进一步说，笼统观察一个产业的创新水平问题，到底是出于企业自身，还是出于产业"土壤"，直观判断标准就是，看这个产业是否有龙头企业，该龙头企业是否具有国际竞争力，这个产业数年以来的竞争力是否提高，还是一成不变（自然垄断产业及国家主导产业除外）。以这一标准衡量，医药产业的问题显然源自于"土壤"。所谓的"土壤"，是由企业外部因素构成，包括很多具体方面，市场与

制度是最主要的两个维度。其次，在同一外部环境下，企业创新动力若截然不同，这才能从企业自身进行解释。企业内部因素包括很多方面，其中企业家精神、企业规模、公司治理等是被关注的焦点。考虑到企业家精神的政策含义有限，而且可以归为外部的人才要素配置，企业规模本质上还是属于市场结构因素，仅内部治理可以称得上纯属于企业技术创新的内部因素。近年来，学者们较为关注内部治理因素，这主要是因为内部治理的内涵不断扩展，能够容纳越来越多的内部因素。但笔者认为，即便内部治理是医药企业技术创新能力的重要因素，但在实践中，内部治理不符合本书政策研究与建议的立意，而且其调整相较于外部"土壤"的改良简易许多。

最重要的是，中国医疗事业的需求旺盛，但中国医药产业经过几十年的发展，仍然规模小、层次低，所面临的深层次问题始终是中国企业创新投入普遍不足，研究企业的外部环境更符合产业的阶段性特征与时代要求。这也是本书研究的目的：描画、剖析、破解医药产业窘境，抓住企业技术创新的共性问题，对政策研究与制定提供学理依据。

二、企业技术创新的外部影响因素：市场与制度

企业技术创新活动广泛地被外部环境直接影响和间接影响，外部环境层次多、层次之间彼此交织，利益相关者也多，各方彼此牵连。能够作用到企业技术创新的外部因素种类非常多，既有宏观层面的因素，如人才、资金要素配置等，也有中观（产业）层面的因素，如市场、制度、政策等。在这几类外部因素影响企业技术创新方面，均有较多的经验证据积累，文献回顾难以面面俱到。本书主要通过两个原则对这些文献进行筛选：一是如若在我国该外部因素已经取得了一定实践进展，则不再对此项因素的研究详细回顾，因为政策含义十分有限；二是重点关注在调研中发现的对医药企业技术创新有影响的外部因素。

（一）企业技术创新的市场影响因素

以往，学者们较为关注市场因素对企业技术创新的影响。市场因素主要就是市场竞争，或者说是市场控制力（Market Power）。例如，研究竞争或垄断的市场结构对企业技术创新的影响大小与方向，有些对企业规模与技术创新关系的研究实质上就是市场结构与企业技术创新关系的研究。这方面的国内外实证研究成果非常多，但并没有达成一致结论，有些认为市场竞争能为企业创新提供动力源，迫使企业不断革故鼎新，有些则认为垄断反而有利于企业维持高水平创新投入，激励企业继续获取预期的超额收益，此类研究对欧美发达国家有反垄断的政策含义，但对我国实践指导意义不同，我国医药产业发展长期陷于"混战"，本土市场结构还处在"小、散、乱"的局面，基本上任何一家企业都没有市场控制力可言，故而将政策含义放到鼓励兼并重组上较为适合。

谈到市场对创新的影响，就不能不谈及学术界多年以来对大企业更创新，还是小企业更创新的争论。熊彼特在 20 世纪中叶提出，大企业是经济发展的引擎，是现代重要技术的发明创造者，企业技术创新的活动具有规模递增效应，理论界称之为"熊彼特假设"。但现实情况与实证研究表明，大企业与小企业在技术创新上具有不同的优劣势，企业技术创新存在适度规模。国内外关于企业规模、市场结构与技术创新关系的大量实证研究并没有取得一致性结论。在现实世界中，很多大企业（尤其是寡占企业）具有高度的创新积极性。但也有研究表明，小企业更灵活，技术创新效率更高，表现出更活跃的创新活动（Rothwell and Zegveld，1982；Dodgson，1993）。企业规模与创新模式也密切关联，小企业更倾向于专利的应用和新产品的引进（Wakasugi and Koyata，1997）。一些针对医药企业的研究也发现研发投入、强度、频次与企业规模有关（Grabowski，1968；Loeb and Lin，1977；Achilladelis and Antonakis，2001；汤石雨，2008）。关于大企业还是小企业更创新的讨论与研究非常多，企业规模成为研究创新问题的常用控制变量。

（二）企业技术创新的制度影响因素

近年来，学术界越来越关注制度因素是如何影响企业技术创新的。此类研究认为，企业技术创新需要一个良好的外部环境，政府应在当中发挥必要的支持作用。在正式制度方面，学者们的研究既关注货币性政策，如资助创新的产业政策、财税政策，以及非货币性政策，如起到激发企业创新活力作用的知识产权保护。政府是国家配置资源的重要手段，世界主要国家的政府对本国企业技术创新行为都在施以重要的影响。很多研究对政府的产业侧重、税收优惠、专项补贴、财政补贴、特殊贷款等产业政策的作用进行了探讨，普遍认为这些干预为促进企业创新提供了重要支持，但同时也导致了部分企业的寻租行为（解维敏等，2009；廖信林等，2013；宋凌云和王贤彬，2013；杨洋等，2015；李维安等，2016；李万福等，2017）。专利制度也是研究热点。张杰和郑文平（2018）研究认为，政府专利资助政策引致大量低水平专利，因为这些政策扭曲了企业申请专利的动机。相应地，龙小宁和林菡馨（2018）研究表明，专利资助补贴政策这一负面效应得以被国家专利审查和批准制度在一定程度上纠正。上述研究主要涉及单一制度或政策如何影响企业技术创新，还有一些研究是对比不同导向的政策如何作用于企业技术创新，如郭旭等（2017）使用28个省份2005~2014年的面板数据，比较了需求侧产业政策和供给侧产业政策。结果表明，总体来说，某一导向政策只能提升某一种创新产出水平，需求侧政策、供给侧政策分别有利于工艺创新、产品创新，在强度高的条件下，两类政策才都能够提升产品创新水平。此外，相较于见效更快的需求侧政策，供给侧政策作用需要时间。还有一些研究聚焦法制健全这一外部因素对企业技术创新的作用，但此非本书研究重点，故予以略去①。在非正式制度方面，被广泛认可的是，信息公开透明、政策公正公平、企业有序竞争的市场环境是企业技术创新的重要保障，企业家文化、职业经理人文化与创新创业的浓厚氛围是企业技术创新的催化剂，企业所在的产业集群水平或占据的创新网络位置，对企业创新资源发掘获取、创新战略推进实施、创新成果转化应用也可能有很大的影响。关于产业集群、创新网络如何影响企业技术创新的理论研究与实证研究也非常多，不乏一些国内外专著，但考虑到这些外部因素在我国医药产业发展中已有成熟实践，故此处不再赘述。

　　一些学者认为，不可孤立地去看待制度如何作用于企业技术创新行为，需要

---

① 在多年实地调研中，笔者尚未听闻医药企业反映法制健全程度影响技术创新。

审视企业所处的特定市场环境，应将制度因素与市场因素一起考察。例如，宗庆庆等（2015）在考察知识产权保护的作用时，发现该因素对企业研发投入的影响因行业的市场结构而异：高度竞争行业中，其显著激励了企业的研发活动，在高度垄断行业中，两者则呈现倒"U"形关系。又如，吉云和姚洪心（2011）基于企业家才干与创新机会的动态匹配，构建了企业家创新决策模型，研究发现，市场信息发现功能是激励创新的关键之处，即在创新过程中，所察觉的外生信号是否正面，决定着创新能否进行下去，创新机会共享程度大小影响市场对企业家的创新激励，知识产权保护、市场有效性、收益水平保留等因素将影响企业家的创新积极性。再如，对于医药企业技术创新而言，非常重要的影响因素是技术机会。每个企业或产业的"技术机会"为其所面临技术的潜在可利用程度（冈田羊佑，2000）。近年来，化学药企业的技术机会越来越有限。这就导致化学药企业与生物药企业面对相同的激励政策时，技术创新活动的改变方向与幅度可能不同。

三、医药企业技术创新的外部影响因素

国内外对医药企业技术创新的研究，主要涉及动力、规律、效率、影响因素、治理方式等不同角度，本书根据研究需要，主要关注动力、规律、影响因素的研究。此外，对于提出一些实业界已在践行的做法的研究，如主张发展医药集群、医药研发外包（CRO），加强基础研究，注重知识产权保护的研究，本书不再赘述，因为这些研究成果已经滞后于现今的产业发展阶段与需要。由于国内外医药企业技术创新能力、模式、投入差距较大，应以回顾国内研究为主，以增加研究结论的适用性，但关于我国医药企业外部因素影响技术创新的研究较少，考虑到国际环境也是我国医药企业技术创新的外部环境，因此下面也回顾针对国外医药企业的文献。

从事医药技术创新的头部企业是怎样的，它们是谁，在被什么影响？Achilladelis 和 Antonakis（2001）对制药业 19 世纪初至 1990 年的技术创新动力进行了研究，通过分析在 1950~1990 年上市的 1736 种药物及企业经济数据，发现制药业的高速发展不仅取决于科技和市场，还取决于社会需要、政府法规、新原材料、竞争等。研究还发现，样本中 70% 以上的创新药来自 30 家公司，其中大部分是"百年老店"，具有持续的创造力，面对技术演化替代带来的剧变，能够驾驭"长波"并处理熊彼特破坏式创新的挑战。该研究指出了国外企业技术创新驱动力源自何处，而面对如此历久弥新的制药巨头，我国医药企业会普遍缺少原始创新的内生动力。

有大量的研究支持市场回报有利于增加创新投入，这一点在医药产业也不例外。Nutarelli 等（2021）以产品召回为创新的工具变量，实证检验了市场份额对临床试验有显著的正向激励。Agha 等（2020）通过研究美国某保险计划调整对医药研发的影响发现，医保覆盖范围的调整会重塑医药创新的研发投入结构，即医药创新不再会投入那些将很可能被医保排除的领域。Zhang 和 Nie（2021）使用源自于中国新农合医疗保险的自然实验法，检验了市场规模与创新投入之间的关系，研究认为，通过为发展中国家低收入群体提供公共医疗保险，能够激励医药企业发展新技术。冯立果和王毅刚（2009）通过对制药技术创新特征和国外经验的分析，发现高成本技术创新行为的产业组织根源是寡头竞争的市场结构，提出了我国制药工业摆脱技术创新困境所需要的产业组织政策。在调研过程中，作者发现，我国医药产业结构长期以来"小、散、乱"，损耗了医药企业的技术创新积极性。

还有一些研究认为有效的制度有利于医药企业的技术创新。私人投资、专利保护、政府实验室的基础研究、政府监管等在新药研发中都扮演着重要的角色（Scherer，2010）。新技术的应用、风险投资、研发初期的开放式创新在医药创新中也越来越重要（Gassmann et al.，2008）。例如，诺和诺德组织产业界与学术界开展合作，方式包括研发合作、战略联盟、政府和社会资本合作（Public-Private Partnership，PPP）、研究资助项目，用以促进生物技术药物创新（Stilz and Regenholt，2018）。Pooja 和 Wernz（2022）以 1995~2018 年的印度生物药行业 164 家企业为样本，实证检验了知识产权对于创新的影响，发现弱知识产权政策下成立的公司倾向于过程创新，强知识产权政策下成立的公司倾向于产品创新。政府在医药企业技术创新中扮演着重要角色，不仅是监管方、购买方，还提供研发支持。但公共部门的角色已经争议了很多年，包括公共投资的回报如何，是否需要高价格支撑药物创新，公共投资的研究到底值不值得等（Sampat，2021）。Casper 和 Matraves（2003）研究认为，国家制度体系对创新过程、能力及价值具有巨大的影响，并分析了英国和德国的制度体系对各自医药企业的影响。

此外，以我国医药企业（产业、区域）"技术创新能力"为题的研究非常多，这些研究主要以能力评价、对比为目的，未对能力的影响因素进行分析（包括一些冠以"影响因素研究"的文章），多以"现象"解释"现象"，不属于真正意义上的相关性探讨，更非因果性探讨。尽管如此，这些研究仍可作为我国医药企业（产业、区域）技术创新发展现状分析的重要参考。从这些研究中可以看出，我国医药技术创新能力存在企业差异（罗亚琼和马爱霞，2013）、区域差异（李晓梅等，2009；陈乃用，2012；李彬，2013；杨莉等，2013；刘鹏真等，2015；章家清和张学芬，2015）、行业差异（刘鹏真和马爱霞，2015）。技术创新能力是一个非常综合的概念，"能力"一词也带有主观色彩，上述不同的研究对能力的评价指标体系是不同的。茅宁莹（2005）提出，对医药企业技术创新能力的评价指标要更全面，应包含更为动态和整合的指标，不宜仅采用投入指标或产出指标。但根据调研情况看，我国医药企业技术创新能力明显偏弱，投入非常不足，设计系统的衡量指标体系不仅理论意义有限，反而可能遮盖了主要矛盾，对现实的指导意义不大。

四、对现有研究的述评

（一）现有研究总结

第一，现有研究普遍认为企业技术创新受到外部因素的影响。总体看来，国内外学者认为，企业技术创新会受到市场结构、税收等普惠性政策、供给型产业政策、需求型产业政策等企业外部宏观、中观（产业）层面的因素影响。

第二，存在实证结果的多样性。由于研究的国家、地区、行业对象、企业样本、时间窗口选择、变量与方法选取等差异，得出的具体实证结果不尽相同，甚至相反。一个主要原因是，相关研究较少考虑产业技术创新的异质性。对不同产业的企业技术创新的评价与衡量应该是不同的，要具体问题具体分析；而且影响因素的选择上也要结合实际，不能脱离实际去搞数据操作，需要分析到底哪些具体因素可能对企业技术创新产生明显的促进或抑制效果，哪些并不会发生作用，进而选择与产业技术创新特点相匹配的因素开展研究。

第三，国外研究结论对我国的适用性有限。欧美国家政治经济体制与我国不同，外部环境对企业技术创新施加影响的途径、方式、力度也有很大区别。因此，国外的研究结论，尤其是实证研究变量选择和结果并不完全适用于我国。

第四，关于我国医药企业技术创新影响因素的系统性研究不多，仅个别研究聚焦于我国医药产业，分析了外部因素对企业技术创新的影响。但医药企业技术创新在化学药与生物药领域发展差异较大，技术创新遵循着不同的科学基础，这点并没有在已有研究中得以反映和阐述。化学药、生物药不宜笼统归为一类，两者在开发、生产制造、监管等方面区别很大（Lakdawalla，2018）。我国有大量关于医药产业、医药集群创新的研究，但这些研究往往也没有对化学药、生物药进行区分，参考价值有限。

第五，对我国生物技术医药企业及行业的研究尚处于空白。我国具有创新能力的生物技术医药企业发展历程很短，这方面的研究也寥寥无几，仅存在个别案例分析，如赵丹等（2018）对信达生物在风险投资基金模式的研究，但该研究没有涉及此类企业最本质的特征——创新。对我国生物技术医药企业技术创新及其影响因素的研究更是彻底的空白。尽管我国有很多关于科技型中小企业在创新、融资等方面的研究，但这些研究的对象大部分并不具有熊彼特破坏式的创新能力，并不适用于具有熊彼特破坏式创新能力的生物技术医药企业，参考价值有限。

（二）现有研究的不足

第一，实证研究和产业发展现实结合不紧密。大多数研究仅局限在实证的范畴，讨论变量之间的关系，没有深入地结合产业发展现实，来分析和阐述外部因素如何作用于企业技术创新。外部因素、技术创新指标的选取也缺乏行业特点，如没有摸清产业实际，就直接选取一些外部因素开展实证，然而，即便所有行业面对着共同的宏观环境，但并不是每项宏观层面因素对每个行业的影响力度是同等的，也不是说产业层面的所有政策条目对该产业的企业技术创新都重要。又如，忽略实证研究对象的特点，在不考虑不同行业创新主体的资源禀赋、动机差异、技术创新特点的情况下，对技术创新实证的设计与结果并不具有现实意义。即便是同属高技术产业的信息通信产业与医药产业，也有着完全不同的外部创新环境和内在创新特点。医药技术创新受政府准入监管政策、医药卫生体制改革等外部因素冲击较大，技术创新投入更大、风险更高，对企业成长来说也更为重要——医药企业几乎没有商业模式创新的空间，这些特点与其他技术密集型行业的技术创新明显不同。更为不妥的是，很多研究不对照当时的政策框架与施行进展，仅根据统计分析结果给出政策建议，提出的对策不具有可行性与操作性，有些还给出了在现实世界中已执行多年的政策建议。

第二，暴露出概念模糊的严重问题。很多实证研究对医药企业技术创新的特点缺少深入理解，"技术创新"的投入产出、能力、效率等概念边界模糊，也不考虑这些概念之间的相互关系，在选择衡量指标时，显得比较随意，故而得出的结论较为粗糙，也导致所采用的指标无法真正反映技术创新的理论概念。有些研究的研究视角（Perspective）不明确，或将其与研究对象（Objective）混为一谈，认为医药企业技术创新能力的提升就等于产业技术创新能力的提升，或者认为医药企业技术创新产出、效率提升就等于能力提升。

第三，很多研究集中在政策因素对企业技术创新的影响，这可能是因为政策可被观察并衡量，也比较具有现实意义，但关于政策对技术创新的作用机制和作用效果，学术界并没有统一结论。这种现象之下可能的深层次原因主要包括：一是从宏观政策或产业政策作用到微观企业创新主体，并非一个点对点直线的简单过程，这当中还存在市场、技术、公司治理、企业家等企业内外部影响因素，使得相同的政策在向企业传导中产生效果差异。二是结合彭宜新（2009）的研究及笔者调研发现，政府在政策制定与实施过程中，无法有效划分哪些事件该用公共政策决策，哪些事件该由市场自主决策，以及政府工作的低效性，共同造成了对政策有效性与及时性的不利影响，噪声过多导致无法从实证结果中得到政策影响企业技术创新的结论。也就是说，即便数据结果显示某项政策激励了企业技术创新，也很难说真正起到作用的就是该项政策，进而对实践的指导意义有限。在现实世界中，政府扶持与企业技术创新能力两者往往是相互作用的。三是微观企业主体往往会受到多种政策的共同作用，不同政策对企业技术创新的作用有程度、方向、时效上的差异，较难剥离出单一政策对企业技术创新的影响。个别研究中，学者仅根据政策文本衡量政策变量，而非根据政策是否实施来衡量，这是不严谨的，因为在现实世界，大量政策因为各种原因未得以实施。综上所述，本书认为，不宜过度追求以数据分析政策等企业外部因素对技术创新的影响。更何况，医药企业技术创新还受到宏观层面的因素，如医药卫生体制改革、国有企业改革、资金与人才等创新要素配置的深刻影响，这些因素很难以数据指标进行衡量。

第五章　外部因素影响医药企业技术创新的机制

一、理论依据与分析

从熊彼特开创性地提出创新理论至今的百余年间，学者们对技术创新开展了大量的理论研究。现已形成四大流派：索洛代表的新古典学派，曼斯菲尔德、卡曼代表的新熊彼特学派，戴维斯、诺斯代表的制度创新学派，弗里曼、纳尔逊代表的国家创新系统学派（彭靖里等，2006）。其中，新古典学派对技术创新能力缘由的解释力有限，其他学派（除了新熊彼特学派涉及的企业规模、企业家内容），基本上是在分析企业技术创新如何受外部因素的影响。

（一）基于新熊彼特学派的医药企业技术创新

与新古典增长理论不同，新熊彼特理论认为内生的技术进步保证了经济持续增长，创新是厂商为追求利润最大化而进行新知识、新技术投资的结果（柳卸林等，2017）。新熊彼特理论是关于由各方面和各形式的创新成果运用及共同演化所驱动的动态过程而引起经济系统质变的理论学说，以熊彼特创新理论、演化经济学、复杂性科学为理论源头，强调产业经济分析及微观层面的知识、创新和企业家，以创新竞争代替了作为利益协调机制的价格竞争，技术创新、组织创新、制度创新、社会创新等广义上的创新，都是该理论的标准化原则（颜鹏飞和汤正仁，2009）。本书仅聚焦于该理论的技术创新。

从新熊彼特理论与本书相关的主要内容进行逻辑推导，可以得到一些启示：一是实际部门和货币部门是共生和共同演化关系，除银行外，股市对努力获取资本的公司起到明显作用，风险投资也集中服务于具有创新风险的公司，医药企业由于不是重资产企业，很难从银行获得贷款，股市和风险投资对于医药企业技术创新发挥了重要的作用；二是知识重组是创新的源泉，企业专有知识积淀的不同是企业生产率存在差别的根本由来，也在企业竞争力提高的过程中起到关键作用，但对于医药企业而言，新药研制本身的知识积累未必连续——有时研制一个新品种意味着"从零开始"，而对于资金、人才等创新资源调配的知识是可以积累的；三是只有企业家才能实现生产要素的新组合，产生新物质，形成发生质变的新生产力，企业家精神是重构创新驱动发展体系的人为动因，对于生物技术医药企业来说，企业家与企业家精神非常重要，是一家企业成败的关键；然而，科学家精神对于医药企业技术创新同等重要，毕竟医药企业除技术创新之外，可供企业家发挥才能的空间是有限的，现实世界中，医药企业的企业家往往也是科学家。

熊彼特曾经提出过两种创新假说：新成立的小公司由于能克服组织惰性，取得重大技术突破，可以是创新主体；垄断型大公司由于有足够实力建立精良的实验室并能快速应用研发成果，可以是创新主体。该学派循此逻辑，研究技术创新与垄断、竞争、企业规模的关系，认为技术创新的必要性是由竞争程度引起的，技术创新的能力和市场开拓前景都是受企业规模作用的，垄断程度越高，意味着市场控制力越强，越不容易被模仿，就越能由技术创新获得持久的利益；介于垄断和完全竞争之间的市场结构（即市场竞争程度）最有利于技术创新，此时既存在垄断所推动的技术创新，也存在竞争所推动的技术创新。这些理论观点很好地解释了目前全球医药市场竞争、企业规模、垄断如何影响了企业技术创新。目前，跨国药企和高风险偏好的小企业是医药技术创新的主力军，前者利用其垄断地位很好地调配创新要素，以及多年跨国经营而占据的渠道、品牌、注册等优势将研发成果在全球实现产业化，后者有着突出的细分领域技术创新能力，在激烈的竞争中能够崭露头角。

（二）基于制度创新学派的医药企业技术创新

诺斯认为，对人类经济的发展而言，制度变迁起着根本性作用，从产权理论看，产权制度缺乏效率造成私人收益率和社会收益率相去甚远，刺激人们去从事符合社会需求的活动是需要设计某种制度的，对产权明确界定的有效率的产权制度能够减少不确定性和"搭便车"现象，理论上，国家作用是界定产权来使统治者租金最大化，即降低交易费用来使社会产出最大化，国家以制度安排的形式对产权做出界定（庄卫民和龚仰军，2005）。医药技术创新激励制度对企业技术创新积极性非常重要，如专利保护期、创新溢价、医保偿付等设计。

（三）基于国家创新系统学派的医药企业技术创新

国家创新系统（National Innovation System）对企业技术创新的效率与效果非常重要，一个国家对企业所在产业的创新资源分配多寡，以及资本、人才等关键创新资源对这个产业的流向，都会影响企业技术创新的积极性与投入。纳尔逊在1987年发表的《美国支持技术进步的制度》[1] 提出，美国促进技术创新的制度结构，主要由市场制度、专利制度、政府支持政策、风险投资、大学和研究开发内部化构成。纳尔逊在1993年的著作中进一步提出，最具价值的制度是鼓励合作研发、设立风投、扩大技术转移。Freeman（1988）认为，日本促进技术创新的制度中，重要的是通商产业省制定的政策举措，包括确立技术方向，制定产业技术政策，并随环境变化对之调整，来鼓励最先进技术的长足发展，重视为创新企业提供有利条件，保证政府必要的基础设施投资。Freeman还提出，没有日本教育和培训制度的完善及社会制度的创新，日本企业的技术、管理及组织独特性不可能形成。我国的国家创新系统模式是介于美国与日本之间的，既注重制度、科研机构、风投等多方面因素，也制定产业技术政策，但我国制定的产业技术政策大部分是指导性的，而非强制性的。

个体必然受到所在系统的影响。企业是技术创新的主体，但企业技术创新的

---

① North D C, Thomas R P. The Rise of the Western World: A New Economic History ［M］. Cambridge: Cambridge University Press, 1973.

效率与效果高度依赖于产业创新体系、国家创新体系的整体效率与效果。就处于医药技术创新核心层的医药企业而言，最外层是国家医药创新体系。与国家创新体系的概念对应，国家医药创新体系是支撑和服务药物研制而形成的机构网络，机构包括但不限于新药研发企业、一般性大学、科研机构（蒋毅和毕开顺，2010）。中间层是医药产业创新体系。国家统计局通过技术开发能力综合指数来反映产业技术创新能力，主要使用的基础指标包括科研人员、研发投入、技术转让、科研成果、新产品销售、新产品出口，在一定程度上说明了产业的这六个方面会对企业技术创新有所影响。各层在技术创新上存在不可分割、相互依存的关系：一是医药企业技术创新是医药产业创新体系的重要组成部分，但后者不是前者的简单加总，还包括高等院校、科研院所等主体，医药科研成果转化、知识溢出与吸收、商业化等行为；二是医药产业是资本和知识密集型产业，也是国际竞争异常激烈的领域，其国际竞争力和可持续发展是本国的国家医药创新体系实力的体现。与此同时，加强企业的创新主体地位，激励企业增加创新投入，实现产学研有机融合，才能真正推动国家医药创新体系发展。

二、外部影响因素作用机制分析

结合上述理论分析，下面将影响医药企业技术创新的外部环境分为宏观环境、中观环境两个层面，然后再分为要素配置、市场、制度三个类别，从这三个类别里找出更具体的外部因素，分析外部因素影响医药企业技术创新的机制。

（一）宏观层面因素对医药企业技术创新的影响

企业所面对的宏观环境包括一个国家（地区）的政治制度、社会形态、法律环境、金融等。能够影响医药企业技术创新的宏观因素有很多。首先，宏观环境作为一个整体会影响企业技术创新，因为只有经济发展前景乐观、社会保障制度完善、创新文化氛围良好，才能根本地保护到企业的技术创新行为，才会使得企业有意愿和决心投入研发。例如，企业技术创新活动需要大量的信息，像是从哪里、以什么样的价格购买实验室科研成果等，市场经济发育越完善，企业搜寻成本越低；企业技术创新活动需要和多方签订合约，根据不完全契约理论，不完备的合约会诱发"敲竹杠"行为，全社会契约精神越强，越能有效减少这种情况进而降低企业交易成本。但这类整体性因素不专门对医药企业产生影响。其次，在技术密集型行业，宏观层面的技术因素会直接影响到企业技术创新。生命科学浪潮一直在深刻影响着医药企业技术创新。另外，生物药研制与化学药研制之间，创新药研制与仿制药研制之间面临的技术成熟度与复杂度不同，一定时期内企业技术创新的投入产出比也不同。

宏观层面影响因素中，最重要的是要素配置。一方面，医药卫生体制改革、国有企业改革等因素会对医药企业技术创新产生影响，前者会改变医药企业的市场销售额与利润，进而改变医药企业技术创新的投资回报期望，从而影响医药企业技术创新的投入；后者则涉及国有医药企业的考核目标，是以规模还是以创新为导向，国有医药企业目前以流通为主营业务，如若长期以规模为导向，则将缺乏向医药研制转型的动力，流通环节过大过强之后，在药品终端价格受限的情况下，会变相打压药品出厂价，挤压药厂利润，不利于其他医药企业技术创新。另一方面，资金、人才等创新资源在产业间的分配、在医药产业内机构间的分配会影响企业技术创新。我国正在开展的科技体制改革就涉及这种分配。根据姚洋和章奇（2001）的研究，公共机构研发支出对企业技术效率有不利影响，而政府对这类机构的支持使其研发支出占比增加，进而会损害企业的技术创新。

（二）市场因素对医药企业技术创新的影响

全球市场容量的现状与趋势对于各国医药企业的发展都非常重要。医药产业是国际化属性很强的产业，世界上具有技术创新实力与竞争优势的药企，无一例外都在跨国经营，这与医药技术创新的规律有关——医药技术创新投入大，但单品种的潜在用户群体规模在一国之内较为有限，尤其是罕见病用药，只有跨国经营才有利于收回巨额的研发投入，这也与药品关乎人的生命健康有关，各国通常不会对药品进行贸易保护。在医药产业市场全球化的背景下，各国企业的技术创新将受到国际市场结构的影响。对于多家企业参与的技术创新的策略，Nasier-owski 和 Arcelus（2003）研究认为，技术垄断会导致处于弱势地位的企业将更多的资源投入模仿、抄袭，减少企业的自主研发投入。目前，全球化学药市场结构呈现寡头垄断，我国传统化学药企业技术创新积极性不高，以仿制药研制为主，全球生物药市场结构尚未固化成寡头垄断，我国生物药企业还保持着较高的原创热情。

（三）制度因素对医药企业技术创新的影响

在这里，稍微回顾一下之前讲过的内容：技术创新具有正外部性，企业投入大量的时间、资金、人力，却难以独占效益。医药技术创新投入大、风险高、周期长，更使得大量企业倾向于跟随和模仿，利用其他企业的创新外部性来降低自身的创新成本与风险，甚至可能通过后发优势而"后来者居上"，原本的医药创新企业被这样"搭便车"，损害了创新的积极性。由于外部性的存在，医药企业创新的收益远小于社会收益，因此市场在配置资源时难以达到最优，发生市场失灵，要通过政府来弥补这种市场失灵。

1. 产业政策

产业政策通常被认为是在市场失灵或市场配置资源效率低时，政府为了弥补市场失灵或者获得产业竞争优势，运用财政补贴、税收优惠、目录指引、专项资金等多种政策手段，来提升市场配置资源的效率，实现一定的产业发展目标或赶超目标。我国产业政策主要包括产业结构政策（如对钢铁、光伏产能过剩的抑制）、产业组织政策（包括兼并重组政策、反垄断政策等）、区域产业政策（如对长三角、大湾区的产业政策）、产业技术政策（如对数字经济、医药产业的培育）、财税倾斜等产业保障政策（如针对西部地区制定的产业发展目录）。产业政策通过向企业提供正向激励，包括降低试错成本、减少不确定性、加速知识传播和积累等，来弥补市场失灵，进而促进企业积极承担创新风险，实现帕累托最优。例如，主要国家的政府均采取给予直接研发补贴等方式激励企业开展技术创新活动，这也是世界贸易组织（WTO）通行的国际规则[①]。有研究表明，产业政策对鼓励和提升技术创新发挥重要作用（Branstetter and Sakakibara，2002）。借鉴 Rothwell 和 Zegveld（1982）、赵筱媛和苏竣（2007）、黄永春和李倩（2014）、

---

① 按照 WTO 的规定，政府不应该对企业开展产业化或商业活动提供资金扶持。

白旭云等（2019）研究的分类方法，可以将产业政策分为供给方面政策与需求方面政策，来分析对医药企业技术创新的作用。

在供给方面，政府从研发投入、人才培养等环节为企业技术创新提供支撑，政策出发点是降低企业的研发成本与风险，补偿正向的外部经济性。然而，这种选择性产业政策过强干扰市场，虽然在一定程度上能够帮助企业快速形成生产能力，但同时会对创新要素价格产生扭曲作用，带来政策套利和寻租行为（江飞涛等，2016）；也容易进一步导致产能过剩，非常不利于产业的健康可持续发展，反过来不利于企业技术创新。此外，政府补贴、优惠还可能会对企业技术创新项目支出产生挤出效应，使得企业实施策略性研发。这些年来，我国政府一直在通过重大新药创制等专项，对医药企业研发活动进行资金补贴，取得了一定成效。但需要指出的是，政府投资单个项目一般在几百万元到几千万元不等，对于新药研发所需资金是杯水车薪，医药企业在研发阶段往往不符合银行抵押贷款的条件（尤其是缺乏有形产品的初创企业），因此筹集资金的渠道多来自投资机构。中央政府投资能够发挥引导作用，因为地方往往会对中央政府扶持的研发项目给予配套资金，还将这些项目作为重点项目打造，在用地、税收、人才的优惠政策上"应给尽给"。关于政府补贴是否促进技术创新的实证研究，绝大多数没有考虑到这种引导作用，研究结果和现实情况颇有出入。

在需求方面，产业政策主要包括政府采购、首台套、消费者补贴和示范推广等国内市场需求培育工具，出口退税、外销渠道扶持等国际市场开拓工具。对于医药企业技术创新而言，需求方面产业政策主要指有利于创新药的准入、定价、医保政策。这类政策对医药企业技术创新的影响十分直接且显著。举例来说，业界普遍认为，2015年是我国医药创新的分水岭，2015年之前，我国医药企业多采取仿制战略，2015年之后，行业准入政策进行了根本性调整，更加鼓励原创药，于是我国医药企业开始在创新药研发上加大投入。给予创新药较高的定价，保障创新药的医保偿付也是国内外的通行做法。

2. 非产业政策的制度

严格说来，上述医药产业需求方面的政策算不上是真正意义上的产业政策，因为两者制定部门不同，很多准入、定价、医保政策的制定与调整并不是出于对医药产业本身发展的考虑，如审评审批改革的主要目的是满足临床需求，而非促进本国医药技术创新。此外，知识产权也属于非产业政策的制度，在医药产业，主要国家均以专利制度保护知识产权，进而实现对技术创新积极性的促进，具体内容详见本书第三章。

综上所述，由于新药创制需要高昂的研发费用，但专利期过后其可以很廉价地就被复制，具有公共品的属性，医药企业技术创新具有很强的正外部性；在宏观层面，医药卫生体制改革等通过作用于人才、资金要素配置，在中观层面，国际竞争通过作用于市场结构，政策制定通过作用于制度设计来进一步作用于技术创新正外部性，进而影响到医药企业技术创新的行为。医药企业技术创新与企业成长、产业发展之间关系密切，也会反过来作用于市场结构。外部因素影响医药企业技术创新基本理论逻辑框架如图5-1所示。

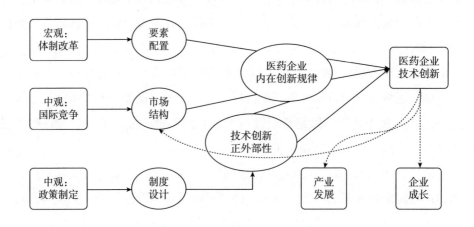

图5-1　外部因素影响医药企业技术创新的基本理论逻辑

资料来源：作者设计。

三、理论分析框架的提出

基于以上分析，笔者总结出外部因素影响医药企业技术创新能力的理论分析框架，如图 5-2 及表 5-1 所示。框架由两个层面对医药企业技术创新的影响组成，企业外部的宏观层面，要素配置会作用于医药企业技术创新，企业外部的中观（产业）层面，市场结构、制度会作用于医药企业技术创新。通过上文的分析还可以知道，外部因素对企业技术创新影响的作用机制是非常复杂的。有的是通过影响企业技术创新积极性来影响企业的技术创新投入，有的是通过影响企业研发成果商业化的速度，从而影响企业技术创新的产出和效率。企业技术创新投入、产出、效率是两两相互关联的，如果企业技术创新效率高，通常意味着在同样的投入情况下，有着更高的产出，或者在同样的产出下，有着更少的投入，而且企业会有意愿增加投入；企业技术创新投入的多少一般与产出、效率有着显著且直接的关系；技术创新产出怎么样既关系到技术创新效率的高低，也为下期投入提供资金来源。这三者共同构成了医药企业技术创新能力的结构，而这种能力是企业成长、产业发展的基础，也进一步反作用于市场竞争与市场结构，以及产业政策与制度设计。图 5-2 的虚线箭头也是本书后续研究关注的重点。两个层面中，医药企业技术创新重要的影响因素如表 5-1 所示。在后续研究中，将对这些因素进一步挖掘、分类、提炼，作为子因素呈现。

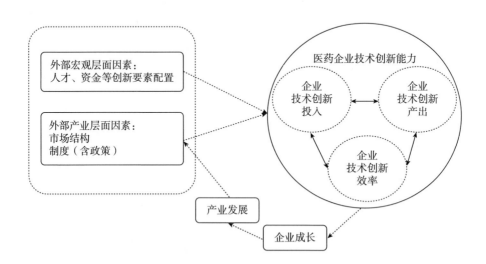

图 5-2　外部因素影响医药企业技术创新的理论分析框架

资料来源：作者设计。

表5-1　可能影响医药企业技术创新的外部因素

层面		类别（理论概念）	因素（理论概念维度）	子因素
企业外部	宏观	要素配置	人才、资金等创新要素分配	—
			医药卫生体制改革 国有企业改革 科技体制改革	—
	中观（产业）	市场	国际竞争	—
		制度	产业政策	—
			专利、价格、医保	—

资料来源：作者设计。

第三部分

中国医药企业技术创新与发展环境的现实：政治还是经济

本书第三部分的思路是，基于上一部分提出的理论框架分析中国现实。首先，分析我国医药企业技术创新发展现状与存在问题，以及全球医药技术创新与产业发展情况。其次，以此为基础，宏观层面参照PEST分析工具，中观层面参照波特五力模型，在全球视野下，分析中国医药企业技术创新的外部环境。最后，使用SWOT分析工具，梳理总结我国医药产业技术创新面临的机遇与风险，具有的优势与劣势，得出我国医药企业技术创新的外部有利因素与不利因素。

通过结合实地调研与访谈，运用分析工具及大量图表，对国内外医药产业发展与技术创新进行分析、对比，有以下发现点：①从产业视角看企业技术创新存在的主要问题，我国医药企业技术创新存在的最根本问题是普遍研发投入低，大企业研发投入也低，这导致了国际竞争力较弱、不利于创新的产业竞争格局等其他问题。此外，研发投入低、国际竞争力较弱、不利于创新的产业竞争格局三者互相关联，彼此加强，形成下行螺旋，进一步导致我国医药企业研发投入低，这成为了持续多年的根深蒂固的问题。②目前，体制机制对企业技术创新存在不利影响因素，现行定价机制不能反映创新价值。背后的深层次原因一是我国医保体系尚未正确地引入药物经济学评价，这从根本上影响了医保体系偿付的效率和效果，也影响了药品价格反映价值的能力。二是除了基础研究与鼓励性的产业政策外，我国医药产业发展的社会环境并不理想，大众传媒经常简单地宣扬医疗支出高就是因为药价高，忽略了价格与价值关系如何的核心问题，而且认为降低药价的方式就是降低厂商定价，从未考虑过压缩流通环节，这造成了我国的支付环境对制药业片面化的舆论打压。在医药成本价格管控、医药流通创收能力强、国企以规模考核为导向等多重因素共同作用下，我国医药制造业无法形成创新需要的投入产出良性循环，难以追赶国外先进制药企业的研发力度和持续投入。③产业格局存在的主要问题有两点，即竞争格局无法适应全球创新新模式、产业集群亟待转型升级。④我国医药产业在全球医药产业的位置仍然属于市场大国与原材料出口国，既不是医药研制强国，也不属于医药研制大国。⑤医药产业出现了寡占局面，并且将会在未来持续一段时间，生物技术医药行业是医药产业发展的热点与未来，也呈现由发达国家主导的局面，但还没有出现寡占格局。⑥我国医药产业规模占 GDP 比重，以及医疗卫生支出占 GDP 比重都远低于发达国家，而且我国医药产业以销售额排序的头部企业技术创新能力并不强，那些具有技术创新能力的企业规模不是很大，与国际医药产业头部企业规模与技术创新能力双重领先的情况有本质区别，导致我国企业在全球寡头竞争的格局下更加被动。⑦关于我国与全球医药产业发展与技术创新的主要异同和我国医药企业技术创新的外部影响因素，已经分别总结在相关表格中，故此处均不再赘述。

第六章 中国医药企业技术创新典型事实

一、实地调研走访及主要发现

笔者在着手本书之前，已经对北京、泰州、武汉等地的医药产业发展情况进行过多次实地调研，与国家药品监督管理局、卫生健康委员会、科学技术部、工业和信息化部、发展和改革委员会等行业主管部门进行过多次深入沟通，与中国科学院相关研究所、中国医学科学院、军事医学科学院等科研机构，药明康德、武汉人福、华大基因等国内龙头企业及强生、辉瑞、三星等跨国公司保持密切交流，掌握了国内外医药产业发展的全面情况并持续跟踪最新进展。2019 年 9 月 4~5 日及 2020 年 10 月 9~14 日、11 月 30 至 12 月 3 日，笔者分别在上海、合肥、哈尔滨等我国医药产业创新能力较好的城市，集中进行了企业走访、专家研讨、地方政府座谈等，深度访谈了市发展和改革委员会及其他委办局负责同志、重点企业负责人、重点科研机构负责人，询问本地医药产业或企业的发展现状与存在问题，产业环境的功能及其对企业技术创新的影响，以及政策建议等。访谈对象对本书研究均表示了理解与支持，并结合自身的实际情况提供了大量有价值的信息；同时，还提供了一些官方的宣传册、行业统计数据及历史文件等宝贵的一手资料。调研对象详见附录。

笔者在调研中发现，一是我国医药企业技术创新外部环境正处于快速变化阶段，存在大量对企业技术创新的不利因素、不稳定因素，削弱了企业技术创新的积极性；二是医药企业技术创新非常依赖国家制定的产业创新战略、发展路径、政策是否科学合理，单一药企难以脱离外部环境孤军奋战而成为一枝独秀；三是很多部门和地方政府尚未知晓产业在全球的竞争地位，看不清新形势下的机遇与挑战，发展基础与存在问题等，缺少对企业技术创新外部环境的准确研判，更缺乏对外部环境的系统性认识，导致孤立地看待外部环境中某一个因素或几个因素，有的还将我国医药企业普遍研发投入低完全归因于企业短视，避谈外部环境的影响。调研中的其他发现，会在后文中一一提出。

二、企业技术创新投入产出

近年来，以恒瑞医药为代表的民营药企加大研发投入，借鉴国际药企的研发模式，创新能力得到显著提高，过程创新和产品创新成果不断涌现，企业竞争力大幅增强。石药集团、上药集团、哈药等大型企业、集团也加大了体制机制改革，缩减了医药代表队伍，增加了研发投入。在行业研发投入前 20 强中，生物技术医药企业占了几乎一半，包括百济神州、基石药业、金斯瑞生物科技、信达生物、再鼎医药、君实生物、和黄药业、天境生物，这些企业的研发投入数倍于销售收入，甚至几十倍于销售收入，如表 6-1 所示。

表 6-1　中国医药企业研发投入 20 强

排名	企业（简称）	R&D 投入（百万欧元）	销售净额（百万欧元）	R&D 强度（%）
1	百济神州 *	776.0	381.2	203.6
2	复星国际	479.4	18216.2	2.6
3	复星医药	423.5	3616.8	11.7
4	中国生物制药	307.8	3087.5	10.0
5	石药集团	255.6	2816.0	9.1
6	基石药业 *	177.7	2.1	8461.9

续表

排名	企业（简称）	R&D 投入（百万欧元）	销售净额（百万欧元）	R&D 强度（%）
7	上海医药	172.0	23768.8	0.7
8	华润医药	170.1	23371.7	0.7
9	金斯瑞生物科技*	165.6	243.3	68.1
10	科伦药业	163.3	2174.9	7.5
11	信达生物*	159.7	133.5	119.6
12	豪森药业	141.9	1106.2	12.8
13	再鼎医药*	126.6	11.6	1091.4
14	君实生物*	120.5	98.7	122.1
15	健康元药业	120.5	1497.6	8.0
16	华东医药	120.3	4484.0	2.7
17	和黄药业*	108.1	182.4	59.3
18	天境生物*	107.1	3.8	2818.4
19	绿叶制药	103.0	810.0	12.7
20	康弘药业	97.6	409.6	23.8

注：标 * 的为生物技术医药企业，数据为 2019 年。

资料来源：根据公开资料整理。

"十一五""十二五"期间，中国共计有 24 个自主研发 1 类新药（见表 6-2）。其中，康柏西普、西达本胺、肠道病毒 71 型灭活疫苗等品种处于领先水平。近年来，中国独立研发的获批 1 类新药数量大幅增长，2018 年、2019 年、2020 年依次达到 9 个、10 个、14 个。

表 6-2 在中国获批的中国医药企业新药证书（2008~2015 年）

序号	名称	持有企业/机构
化药 1.1 类		
1	海姆泊芬	上海复旦张江生物医药股份有限公司
2	双环铂	北京兴大医药研究有限公司
3	盐酸埃克替尼	贝达药业股份有限公司
4	阿帕替尼	江苏恒瑞医药股份有限公司
5	西达本胺	深圳微芯生物科技股份有限公司
6	阿利沙坦酯	上海张江（集团）有限公司
7	艾拉莫德	江苏先声药业有限公司

序号	名称	持有企业/机构
化药 1.1 类		
8	艾瑞昔布	中国医学科学院药物研究所和江苏恒瑞医药股份有限公司
9	盐酸安妥沙星	安徽环球药业股份有限公司
10	左奥硝唑	南京圣和药业股份有限公司
11	阿德福韦酯	北京双鹭药业股份有限公司
12	吗啉硝唑	江苏豪森药业集团有限公司
13	帕拉米韦三水合物	湖南南新制药股份有限公司
14	吡非尼酮	上海睿星基因技术有限公司
预防用生物制品 1 类		
15	重组戊型肝炎疫苗	厦门万泰沧海生物技术有限公司
16	肠道病毒 71 型（EV71）灭活疫苗	中国医学科学院医学生物学研究所
17	甲型 H1N1 流感病毒裂解疫苗	北京科兴生物制品有限公司
18	Sabin 株脊髓灰质炎灭活疫苗	中国医学科学院医学生物学研究所
19	口服重组幽门螺杆菌疫苗	芜湖康卫生物科技有限公司
治疗用生物制品 1 类		
20	注射用重组人尿激酶原	上海天士力药业有限公司
21	聚乙二醇化重组人粒细胞刺激因子	石药集团百克（山东）生物制药股份有限公司
22	康柏西普眼用注射液	成都康弘生物科技有限公司
23	重组抗 CD25 人源化单克隆抗体	上海中信国健药业股份有限公司
24	尼妥株单抗	百泰生物药业有限公司

资料来源：引自柴慧婷等（2018）。

三、产业技术创新投入产出

（一）产业技术创新投入

中国医药产业的研发投入一直保持快速增长，研发经费主要来自政府投入和企业自筹。政府投入方面，"十二五"期间，中央政府规划投入研发经费约 100 亿元，地方政府规划投入研发经费约 300 亿元，这些经费投向企业与科研机构，关于政府投入的有效性，很多实证研究认为其对企业投入产生挤出效应，如孙燕和孙利华（2011）就认为，政府将资金投入研究所并不能明显增强药企创新。此外，我国科研院所和大学长期受制于经费使用、利益分配、职称评审等不良机制影响，科技成果转化率远低于发达国家水平，但这些超出了本书的研究范围，故不再进一步深入探讨。企业投入方面，过去很长一段时间，中国医药企业技术能力不足，研发投入较少，但近年来企业研发投入明显增加。社会资本方面，私募资金是医药产业研发资金的主要来源，2011 年私募资金就已占总研发投入的 90%以上（Qiu et al.，2014）。

2015~2019 年，中国研发总开支复合年均增长率接近 20%。2019 年，中国医药研发开支为 211 亿美元，其中药物发现、临床前及临床阶段分别为 31 亿美元、40 亿美元、140 亿美元（见图 6-1），大部分开支用于了临床阶段。

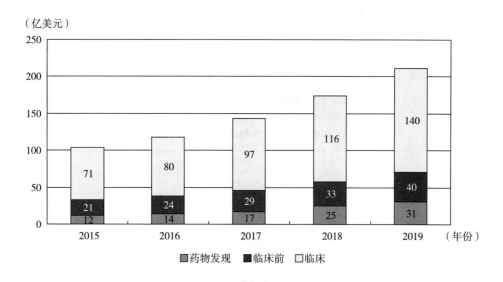

图 6-1　2015~2019 年按研发阶段划分的中国研发开支及明细

资料来源：2020 年中国及全球药品研发行业市场现状　新药临床试验研发支出大幅增加［EB/OL］．（2020-10-23）［2022-08-10］．https：//www.qianzhan.com/analyst/detail/220/201022-1af013ab.html.

（二）产业技术创新产出

中国医药产业在生命科学高质量期刊发表文章数、相关专利数、进入临床的新分子实体数、在研新分子实体数等多个创新指标上均有较快增长。以"十二五"时期的增长为例，在生命科学高质量期刊发表文章数从 2012 年的 4000 余篇增至 2015 年的 6500 余篇；药物国际专利申请从 2011 年的 756 项增至 2015 年的 968 项；进入临床阶段的创新药从 2011 年的约 20 个增至 2015 年的近 70 个。虽然，近几年，中美经贸关系波动使中国生命科学基础研究受到干扰，但 2018～2020 年中国发表的 CNS[①] 论文数仍保持在百篇以上（不计新冠肺炎相关论文）。

近几年来，国家药品监督管理局药品审评中心（CDE）受理的国产 1.1 类化学药除在个别年份有明显下降外，其他年份都呈现快速上升趋势，这意味着我国医药技术创新活动持续升温及未来有着源源不断的产出。其中，生物制剂疗法为CDE 接获的所有生物制剂新药临床试验申请中的最大类别，这也符合国际技术发展趋势。

产品创新成果主要来自企业。2019 年，国家药品监督管理局批准了 14 个国产新药，含化学药 7 个，生物药 PD-1 抗体 2 个，疫苗 3 个。其中，1 类新药 10个；国产重磅首仿药有全球年销售额靠前的利妥昔单抗注射液、阿达木单抗注射液和贝伐珠单抗注射液的生物类似药等，如表 6-3 所示。

表 6-3　2019 年中国批准上市的新药、生物类似药及仿制药

序号	企业	药品名称	适应症	领域
批准上市的新药				
1	江苏豪森药业集团有限公司	糖尿病治疗药物聚乙二醇洛塞那肽注射液	糖尿病	化学药
2	江苏豪森药业集团有限公司	甲磺酸氟马替尼片	白血病	化学药
3	江苏金迪克生物技术股份有限公司	四价流感病毒裂解疫苗	预防疫苗	生物制品
4	中昊药业有限公司	本维莫德乳膏	银屑病	化学药
5	江苏恒瑞医药股份有限公司	注射用卡瑞利珠单抗	淋巴瘤	PD-1 生物药
6	江苏恒瑞医药股份有限公司	注射用甲苯磺酸瑞马唑仑	胃镜检查镇静剂	化学药

----

①　《细胞》（Cell）、《自然》（Nature）和《科学》（Science）三个刊物的简称。

续表

序号	企业	药品名称	适应症	领域
7	沈阳同联集团有限公司	可利霉素片	抗生素	化学药
8	上海绿谷制药有限公司	甘露特纳胶囊	阿尔茨海默病	化学药
9	再鼎医药（上海）有限公司	甲苯磺酸尼拉帕利胶囊	抗肿瘤	化学药
10	百济神州生物药业有限公司	替雷利珠单抗注射液	淋巴瘤	PD-1 生物药
11	厦门万泰沧海生物技术有限公司	双价人乳头瘤病毒疫苗	宫颈癌疫苗	生物制品
12	云南沃森生物技术股份有限公司	13 价肺炎球菌多糖结合疫苗	预防疫苗	生物制品
13	天士力控股集团	芍麻止痉颗粒	抽动障碍	6.1 类中药
14	湖南方盛制药股份有限公司	小儿荆杏止咳颗粒	儿科止咳用药	6.1 类中药
批准上市的国家首家生物类似药				
1	上海复宏汉霖生物技术股份有限公司	利妥昔单抗注射液	淋巴瘤	—
2	百奥泰生物制药股份有限公司	阿达木单抗注射液	类风湿关节炎、强直性脊柱炎	—
3	齐鲁制药有限公司	贝伐珠单抗注射液	结直肠癌	—
批准上市的国产临床亟须重点仿制药				
1	正大天晴药业集团股份有限公司（首仿）、齐鲁制药集团有限公司	托法替布	类风湿关节炎、银屑病等	—
2	正大天晴药业集团股份有限公司（见表注）、齐鲁制药集团有限公司	来那度胺	骨髓瘤	—
3	正大天晴药业集团股份有限公司（首仿）、四川科伦药业股份有限公司、齐鲁制药集团有限公司	吉非替尼	非小细胞肺癌	—
4	成都盛迪医药有限公司（首仿）、正大天晴药业集团股份有限公司、江西山香药业有限公司	阿比特龙	前列腺癌	—
5	正大天晴药业集团股份有限公司（首仿）	利伐沙班	抗血栓	—
6	江苏豪森药业集团有限公司（首仿）、正大天晴药业集团股份有限公司、四川科伦药业股份有限公司	阿哌沙班	抗血栓	—
7	四川汇宇制药股份有限公司（首仿）、正大天晴药业集团股份有限公司	阿扎胞苷	骨增生异常综合征MDS、白血病等	—

注：来那度胺首仿药企业为北京双鹭药业股份有限公司，2017 年 11 月 30 日获批上市。

资料来源：国家药品监督管理局官方网站。

四、从产业视角看企业技术创新存在的主要问题

我国医药企业技术创新存在的最根本问题是普遍研发投入低，大企业研发投入也低，这导致了国际竞争力较弱、不利于创新的产业竞争格局等其他问题。研发投入低、国际竞争力较弱、不利于创新的产业竞争格局三者互相关联，彼此加强，形成下行螺旋，进一步导致我国医药企业研发投入低成为了持续多年的根深蒂固的问题，如图6-2所示。主要逻辑分析如下：

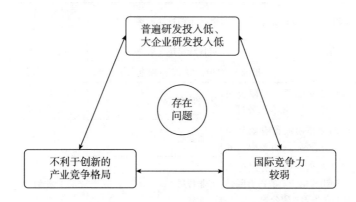

图6-2　从产业视角看中国医药企业技术创新存在的主要问题

一方面，与欧美发达国家相比，我国医药企业普遍研发投入低。长期以来，中国医药企业聚焦在已上市药物的同类药物开发（"Me Too"药物）、生物类似药和仿制药的工艺开发上，利润率低，既缺乏药物创新经验积累和冒险、试错精神，也缺乏推动知识产权和创新政策优化的动机。目前，大部分中国医药企业仍没有内部研发机构，研发投入少、强度低。几十年来，这一现象并没有得到实质性改变。长期研发投入不足导致我国医药企业国际竞争力较弱，而这反过来又导致企业的国际市场份额很小，无法支撑未来加大研发投入。

另一方面，我国大企业研发投入低，对医药产业创新体系支撑不足。表6-2

中，我国持有新药证书的企业中，只有石药集团百克（山东）生物制药股份有限公司和江苏恒瑞医药股份有限公司属于大中型企业，其他 22 个品种均为小型企业所持有。大体情况是，我国规模前十的制药集团已多年无 1 类新药上市。这不同于国际医药产业头部企业在规模与创新能力上双重领先的特点，也不同于欧美发达国家大中小药企融通创新的充满活力的竞争格局。我国大企业不热衷于创新，助推形成了现阶段不利于创新的产业竞争格局，反过来这又降低了产业内企业创新的效率和积极性。

国内竞争格局与全球竞争格局，通过各自与中国药企研发投入的关联，也是相互关联的。总体来说，我国国内竞争格局是在阻碍单家企业打造国际竞争力，而反过来，较弱的国际竞争力也让我国任何企业都无法扭转国内不良的竞争格局。

五、一组数据：中国医药企业技术创新能力到底如何

中国医药企业的技术创新能力到底是怎样的，投入到底是多少？这个问题看似简单，实际上不好回答。有些产业回答这个问题只是计算某年的技术创新投入即可，但这不适用于医药产业，医药企业的技术创新需要"十年磨一剑"，因此关注的应该是近些年来的技术创新投入，而不是一年半载或者最近几年的投入。不好回答的另外一个原因是，对于哪些才是医药企业，需要进行细心的界定和筛选。下面的内容主要致力于对医药企业技术创新能力进行测算，首先对变量的设计及其衡量进行详细描述，其次对数据进行收集与清洗，最后对测算结果进行简要分析和解释。

（一）技术创新能力变量的设计：医药企业技术创新投入能否表示技术创新能力

企业技术创新的衡量可以从创新投入和创新产出两个方向考虑，还可以从能力和效率的复合概念来衡量。本书以医药企业技术创新的投入作为医药企业技术

创新能力理论概念的表征，主要基于三点考虑：

1. 医药企业技术创新投入对能力的重要性

第一，医药技术创新投入的重要性。企业要依靠产品创新取得竞争优势，而技术创新投入是取得并保持这种优势的最根本原因。在不具备大幅增加投入的条件下，引进消化吸收再创新在短期内能够取得创新绩效，甚至有更高水平的技术创新效率，但长期看这种做法如同无源之水、无本之木，无法逼近全球技术竞争的制高点，始终受制于人，能力的不足势必制约创新绩效、创新效率的持续提升。在医药产业中商业模式创新等"非技术创新"并不重要，有些还属于被国家法律法规禁止的行为。从产业视角看，这些并不利于科技自立自强与产业健康可持续发展。新药上市是医药企业增长的关键。Bokhari 等（2021）使用英国医药产业面板数据，估计了产品创新与商业模式创新对企业增长的作用，发现前者对企业长期和短期都能带来很大增长，后者仅是短期增长策略。

第二，在医药产业，技术创新投入更能代表能力。现实世界中，无论是国际上的跨国巨头、从事颠覆式创新的 Biotech，还是我国如江苏恒瑞医药股份有限公司等医药龙头企业、百济神州生物药业有限公司等新兴 Biotech，它们的创新投入和强度都是处于第一阵营。以我国医药产业目前发展阶段而论，面临的最突出问题是大部分企业缺乏技术创新投入，陷入"研发投入不足→技术创新能力不强→盈利水平一般→国际竞争力弱→研发再投入不足"的下行螺旋，造成这一局面的原因是多重的，既有内因也有外因，但走出螺旋的关键在于要提升企业技术创新能力，而提升企业技术创新能力要增加研发投入（包括人力投入与资金投入）。在这种背景下，测量创新产出与创新绩效，缺乏现实意义。

2. 不宜对医药企业技术创新能力、效率开展综合评价

第一，近 20 年，有些学者研究医药企业（产业）的技术创新能力综合指标体系与评价，有的研究医药企业（产业）的技术创新效率，也就是投入产出效益，这种研究对象的选取并未深入结合产业发展实际，没有突出"问题导向"。我国医药产业虽然某些细分领域出现了低端重复建设现象，需要提升效率，但发展水平总体上还处于起步期、投入期、积累期，还没走到对技术创新能力与效率进行综合评价的阶段。

第二，关于技术创新能力。不宜对技术创新能力进行综合评价，具体原因详

见本书第二部分第四章。此外，以往学者考察医药企业技术创新能力，并不是根据医药产业的技术创新特征选取指标，目前尚没有特别科学的医药企业技术创新能力指标评价体系。

第三，关于技术创新效率。测量效率的方法是多种多样的，以往研究采用发明专利与研发资金投入之比、发明专利与研发人员投入之比、新产品销售额与投入之比等指标衡量技术创新效率。技术创新效率不足以代表技术创新能力，而且我国医药产业目前亟需的不是效率提升，而是能力提升。此外，医药技术创新效率的变化难以捉摸。由于新药研制的周期动辄十年，技术创新效率在经济方面的测算需要考虑通货膨胀的因素。例如，Grabowski 等（2002）研究认为 20 世纪 90 年代，新药所处研发环境发生了重大变化，研发效率下降的原因是，研发成本增速高于通货膨胀率。

3. 没有合适的医药技术创新产出指标来反映能力

第一，不宜以直接产出判断企业技术创新能力。单独的技术创新产出不代表能力，如项莹和曹阳（2013）的研究结果表明，2010 年，大中型药企的新产品销售收入占全部产品销售收入近 1/4，但所谓新产品主要是仿制药，这表明我国大中型企业技术创新的含金量低。"拿来主义"能够一时提高技术创新产出，但并不利于产业的可持续健康发展。

第二，不宜以间接产出判断企业技术创新能力。技术创新的目的往往是经济效益，因此理论上，可以用产品创新或工艺创新对企业绩效的贡献程度来表示技术创新绩效。很多学者在进行实证研究时，将企业的技术创新绩效等同于利用产品创新或工艺创新活动带来的企业绩效的提高，来反映企业技术创新的效果。然而，对于创新活动的绩效衡量往往带有很大噪声，并不适用于创造、开放、长期的工作。

第三，技术创新产出存在数据可得性问题。首先，不易将医药企业绩效作为技术创新产出进行统计分析。理论与实践中最常见的方式是，用传统的会计指标（如销售增长、利润率、市场份额等）对企业财务绩效进行衡量。净资产收益率（ROE）和资产回报率（ROA）等指标常被用来衡量管理效果。但 Covin 和 Slevin（1991）建议，考核绩效的指标应该在成长性和获利性上相结合。例如，在考察创业型企业绩效上，最重要的考察指标被认为是成长性。销售收入增长既反映出企业的短期变化，又反映出企业的长期变化，而且容易获得，它是一项关键的和最佳的成长性测量指标。但是，即便是使用成长性与盈利性来衡量企业绩效，对于医药企业技术创新仍然是不适合的，如一些技术创新能力非常强的企业，在发展的前十年，可能根本没有有形产品，也就是没有收入。其次，若以创新产出的角度衡量医药企业技术创新，较为贴切的衡量指标应该是新药创制数量，但取得新药创制成功的周期过长，长达近十年或十几年之久，在这个时间跨度中，技术成果拥有者可能都发生了变化，很难开展追踪分析。当然，也不宜以新产品产值作为新药的技术创新产出指标，很多突破性疗法的新药产值由于受众少，产值还不如一些"量大面广"的辅助用药，罕见病用药更是如此；而且医药新产品的销售收入还涉及复杂的产品商业化，技术含量高的产品未必卖得好。最后，有些学者认为，由于研发活动具有风险性与不确定性，相较于研发投入，研发产出更能彰显创新性，专利是创新投入及效率的最终体现（如余明桂等，2016）。还有些学者意识到，专利授权具有时滞性、不确定性和不稳定性，专利申请数据具有全面性、一致性和易得性，认为应以后者来衡量技术创新。但这些做法对医药产业都是不适合的。纵使专利项下包括发明专利、实用新型专利和外观设计专利，能够代表不同的创新程度，但医药企业存在较多专利申请的策略性行为，而且专利申请数或获得数较多的医药企业并不是行业内公认的技术创新能力较强的企业。无论是以专利的授权数量，还是以专利的申请数量衡量技术创新产出，虽然能解决上述追踪分析的时间跨度问题，但均未必与新药获批数量之间存在对应关系。

（二）技术创新能力变量的衡量：医药企业研发投入能否表示医药企业技术创新投入

本书以医药企业研发投入衡量医药企业技术创新的投入，主要基于如下考虑：

科学研究与试验发展（Research and Development，R&D），简称研发。经济合作与发展组织定义 R&D 是在一个系统的基础上创造性的工作，能够丰富人类的知识库，并利用这些知识进行新的发展。研发通常分为基础研究、产业化研究及大规模商业化开发三类。基础研究不针对特定方向，目的是提供认识和发现规律的知识；产业化研究以实现特定用途为目的，但不涉及产品市场化；商业化开发以盈利为目的，与特定市场需求紧密相关。在技术创新过程中，研发承担着提供新构思、开发新产品和新工艺、获取新技术、创造新技术，以及解决技术难题等一系列的创造性任务（张伟，2017）。直觉与经验统统表明，研发投入强度高的企业，其自主创新能力也较强；同样地，实证研究发现，研发投入与自主创新能力呈现正相关关系（刘和东和梁东黎，2006；徐辉等，2008；李晨，2009）。

现有文献存在对研发投入强度的三种测量方式：研发投入与营业收入之比、研发投入与市值之比、研发投入与总资产之比。鉴于目前我国在企业市值方面还没有足够科学的衡量方法，进而第二种方式是一个值得商榷的问题，第三种方式可能在结果上存在较大误差，而且对一般的上市公司来说，企业研发方面的投入在总资产中的比值低到可以忽略不计，因此相比较而言，第一种方式更适合对我国上市公司的测量，并且国内研究也大多采用第一种方式（石军伟和姜倩倩，2018）。因此，本书用样本企业研发投入金额占当年营业收入的比值表示研发强度。

（三）中国医药企业的研发投入到底是怎样的

1. 数据处理：选择与筛选

从 2007 年起，新会计准则规定上市公司应在财务报表附注的无形资产条目下，反映计入当期损益和确认为无形资产的研究开发支出金额，因此上市公司的研发费用披露更加规范。本书依据《上市公司行业分类指引》（2012 年修订）行业分类，选取该指引下名称为"医药制造业"，代码为"C27"行业的所有公司，也就是包括了沪深 A 股所有医药上市公司 2011～2020 年的数据，并做如下处理：

第一步，根据主营业务是否为医药研制，通过逐个企业识别，去掉非医药研制公司 40 余家[①]，包括动物保健类 8 家公司：绿康生化（002868）[②]、生物股份（600201）、海利生物（603718）、金河生物（002688）、普莱柯（603566）、中牧股份（600195）、瑞普生物（300119）、回盛生物（300871）；医疗器械类 19 家公司：明德生物（002932）、基蛋生物（603387）、九强生物（300406）、万孚生物（300482）、美康生物（300439）、济民医疗（603222）、达安基因（002030）、

---

① 该项工作主要通过查阅公司主页与媒体报道完成。例如，广东溢多利生物科技股份有限公司在官网中介绍的自身所处的细分行业为生物制品行业的生物酶制剂细分行业、生物医药行业的甾体激素原料药细分行业和生物农牧行业的功能性饲料添加剂细分行业。

② 括号内为企业的股票代码，后同。

易瑞生物（300942）、科华生物（002022）、万泰生物（603392）、安图生物（603658）、新产业（300832）、凯普生物（300639）、艾德生物（300685）、正川股份（603976）、利德曼（300289）、透景生命（300642）、迈克生物（300463）、南卫股份（603880）；主营业务为兽药、中药材种植、原料药、食品添加剂或药用包装材料的 14 家公司：万泽股份（000534）、华特达因（000915）、兄弟科技（002562）、溢多利（300381）、金石亚药（300434）、海顺新材（300501）、中恒集团（600252）、安迪苏（600299）、海欣股份（600851）、卫信康（603676）、寿仙谷（603896）、热景生物（688068）、硕世生物（688399）、黄山胶囊（002817）。

第二步，关于中药企业与医药流通企业的处理，根据前文研究，这些企业不属于真正意义上的医药企业，几乎没有研发活动，研发强度较小，但考虑很多中药公司、医药商业公司，还有一些投资公司，也有医药研制板块业务，很难区分不同公司的医药研制板块业务所占比例，如果将这些企业全部去除，将会导致样本不随机。根据医药行业研发普遍规律，保留研发强度大于等于 2% 的企业，其他则视为极端值予以去除。经逐个检视，研发投入低于 2% 的企业，多为几乎不含医药研制板块业务的企业，包括云南白药集团股份有限公司、中国北京同仁堂（集团）有限公司、昆药集团股份有限公司等中药企业，贵州百灵企业集团制药股份有限公司等民族药企业，北大医药股份有限公司等医药物流企业，北京中关村科技发展（控股）股份有限公司等投资集团等。

第三步，本书发现数据集有个别企业的研发投入强度高于 100%，这几家企业的性质多为生物技术医药企业，是本书的重点研究对象，这种企业研发投入远远高于行业平均水平是合理的，但对于以医药上市公司为对象的统计分析来说，如此大的研发强度属于个别极端值，应去除个别尚处于发展初期的、营业收入很小的但研发投入很大的企业，主要包括百奥泰生物制药股份有限公司、上海君实生物医药科技股份有限公司、苏州泽璟生物制药股份有限公司等 Biotech 公司，三家企业在 2020 年利润为负的情况下，研发投入强度分别高达 304.15%、112.72%、1135.89%。

此外，本书不去除财务状况异常的 ST 企业，因为这些企业可能是因为研发投入不足导致成为 ST 企业。

2. 数据库与数据来源

本书主要使用国泰安数据库（CSMAR），这是因为本书的研究对象为中国医药上市公司，CSMAR 对上市公司年报的信息披露较为详细。本书主要使用该数据库的跨表查询功能的"公司研究系列"。本书使用了以下栏目及数据：一是"治理结构"栏目，包括公司基本情况文件（含股票类型、公司名称、经营范围、成立日期、上市日期、退市日期）；二是"上市公司研发创新"栏目，包括研发投入情况表（含研发人员数量、研发人员数量占比、研发投入金额、研发投入占营业收入比例）。

经过上述处理，得到 2011~2020 年共 206 家上市公司的 1250 个观测值，样本在各年度的分布情况为逐年递增，因为每年都有新的医药公司上市，这是符合经济现象的。面板数据横截面维度为 206 个个体，时间维度为 10 年。具体各年份的观测值如表 6-4 所示。

表6-4　面板数据在各个年份的个体数量（2011~2020 年）

年份	2011	2012	2013	2014	2015	2016	2017	2018	2019	2020
观测值	47	94	98	104	116	128	151	157	167	188

3. 数据处理结果

通过使用 Stata17 软件对样本数据进行描述性统计，发现在样本中，企业研发强度平均值为 6.153%，距离国际水平和新药创制需要的研发强度还较远，进一步证实了我国医药上市公司平均研发投入强度严重不足的现状。

考虑到医药企业的混业经营情况较为普遍，本统计没有对化学药、生物药进行行业变量控制。但需要知道，行业类型会引起企业技术创新策略发生变化。我国的化学药上市企业，企业规模与利润是发展的重要目标，创新策略比较保守，我国的 Biotech 企业，倾向于研制突破性创新药，布局有吸引力的管线，才能做大估值。化学药企业与生物药企业有着不同的研发策略，也就有着不同的研发投入强度。此外，有很多实证研究表明，企业所在地会影响技术创新行为。但考虑到医药企业无论所在地如何，很多都在北京、上海、广州等一线城市设立研发机构，本统计没对区域进行变量控制，其数据真实性不好判断，结论也缺乏实际意义。

第七章 中国医药企业技术创新的全球竞争环境

医药产业是全球经济与健康的重要组成部分,在各国的社会发展和经济增长中都起到举足轻重的作用。分析全球医药产业发展与技术创新,目的和意义在于:一是能够在更长的全球产业发展时期,看医药产业发展的规律与技术创新的规律如何体现;二是能够明确我国在全球医药产业发展中的位置及面临的国际竞争形势;三是为第四部分比较案例选取对象,只有先通过分析全球与中国医药产业发展,然后再选取比较的国家与行业领域,深入微观(企业)层面进行对比,才能够使案例对比更加具有实践意义。

一、全球市场空间分布及品种结构

近年来,随着全球人口总量持续增长及老龄化程度的不断加深,全球医药市场规模保持平稳增长。有数据显示,近十年,全球医药市场复合年均增长率略高于3%,2019年全球医药市场规模达到1.3万亿美元以上。

(一)空间分布

全球医药市场具有地区之间发展不平衡的现象。高收入国家和地区市场规模占比较大,据统计,包括美国、加拿大、欧洲五国、日本和韩国在内的发达国家的医药市场占全球 2/3 以上的份额，但增速放缓，从而所占全球医药市场份额在减少，原因包括大量专利到期及仿制药广泛运用，低迷经济形势造成政府医药卫生投入减少等。据预测，上述国家占全球医药市场的份额将继续下降至 50%。与之相比，亚洲（日本除外）、非洲、澳大利亚等新兴市场在全球医药市场规模中占比较小，但医药消费呈现较快增长势头，尤其是中国市场（在后文详述）。驱动这些国家药品消费快速增长的因素包括，人口增长、居民生活水平不断提高、政府医药卫生投入增加等。据预测，东南亚和东亚、南亚、拉丁美洲、非洲等新兴市场复合年均增长率将超过 10%，新兴市场占全球医药市场的份额将继续上升至 30%。

（二）品种结构

与化学药市场相比，生物药市场增速较快。生物制剂市场规模由 2015 年约 2048 亿美元增加至 2019 年约 2864 亿美元，复合年均增长率为 8.7%。近 5 年以来，生物药占全球市场的比重稳步上升并趋于平缓，目前为 30% 左右。2019 年全球销售额前十的药品中，生物药有 7 个，成为重磅药物的主力军（见表 7-1）。由于生物技术进步及 PD1/PDL1 疗法等新产品需求释放，生物药市场规模预计在未来会进一步增长。据预测，2022 年全球生物药市场将达 3000 亿美元以上，占全球医药市场规模的 30% 以上；2025 年，生物药将在全球最好卖的 100 个药品中占 50% 以上。从创新药与非创新药的比例看，目前全球仿制药及生物类似药的市场规模是创新药市场规模的 1/2（见图 7-1）。此外，品种结构也受到市场发展不平衡的影响，通常来说，企业倾向于研发针对更大市场规模的主要疾病的药物。

表 7-1 2019 年全球药物销售额 TOP10　　　　单位：亿美元

排名	商品名	适应症	销售额	厂家
1	阿达木单抗 *	类风湿关节炎、强直性脊柱炎等	191.1	艾伯维
2	阿哌沙班	深静脉血栓形成、肺栓塞等	121.5	辉瑞/BMS
3	帕博利珠单抗 *	黑色素瘤、非小细胞肺癌等	110.8	美国默克
4	来那度胺	多发性骨髓瘤	108.2	BMS
5	依鲁替尼	巨球蛋白血症等	80.8	强生/艾伯维
6	贝伐珠单抗 *	非小细胞肺癌、结直肠癌等	74.9	罗氏集团

续表

排名	商品名	适应症	销售额	厂家
7	阿柏西普*	湿性年龄相关性黄斑变性	74.1	拜耳/再生元制药
8	纳武单抗*	多种肿瘤	72	BMS
9	依那西普*	类风湿性关节炎、银屑病等	69.3	安进/辉瑞
10	利妥昔单抗*	慢性淋巴细胞白血病、非霍奇金淋巴瘤、类风湿性关节炎	68.6	罗氏集团

注：标*的为生物药，其他为小分子药物。

资料来源：根据公开资料整理。

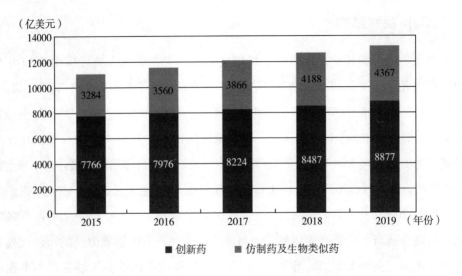

图7-1 2015～2019年全球制药行业市场规模

资料来源：2020年中国及全球药品研发行业市场现状 新药临床试验研发支出大幅增加［EB/OL］．（2020-10-23）［2022-08-10］．https：//www.qianzhan.com/analyst/detail/220/201022-1af013ab.html.

二、全球产业竞争格局

大体上，全球医药产业分为三个梯队。欧美日等发达国家和地区属于第一梯队，是全球医药产业的绝对主导者，在产业规模、技术创新能力、企业竞争力等方面处于遥遥领先的地位，原研药企业大多分布于此；中国、印度属于第二梯队，具有很强的仿制能力与一定的仿创能力，但创新能力较弱；大多数亚洲、非洲、拉丁美洲的国家属于第三梯队，不具备药品研制能力，主要依赖进口。以研发活动分布为例，过去 10 年，全球在研创新药数持续增长，但分布保持稳定。目前，全球在研创新药 20000 个，美国占 50%，欧洲占 40%，这既表明了当前梯队间研发投入力量对比，也预示了未来梯队间产业竞争力对比。产业竞争的核心是企业竞争及对未来制高点的把控，因此下面从企业、生物药行业两个角度分析全球产业竞争格局。

（一）全球医药企业竞争格局

总体来说，近些年来，全球已经形成了比较稳定的罗氏集团、强生、诺华、默克、辉瑞、百时美施贵宝、赛诺菲、阿斯利康、葛兰素史克等跨国制药寡头的垄断竞争格局。主要体现在三个方面：一是市场结构方面的集中度，根据 Evaluate Pharma 的数据，2019 年医药产业实现了 8720 亿美元的销售额，全球销售额前十的药企市场份额合计 42%；二是研发支出方面的集中度，2019 年，全球研发费用前十的药企共支出了 715 亿美元，贡献了近乎 50% 的全球支出（见表 7-2）；三是寡占局面在未来一段时间不会改变，未来几年，跨国制药巨头的一些产品将陆续专利到期，包括目前最为畅销的修美乐（HUMIRA）等，一定程度上会削弱盈利能力，导致研发支出的增速放缓，但与其他企业相比（除了一些初创生物技术药企），这些企业的研发强度依旧很高，而且有着很强的全球资源整合能力，会凭借兼并重组、合作合资等方式补充管线，持续保持全球竞争力。根据 Evaluate Pharma 研究报告[1]，在 2026 年，处方药销售额[2]将达到 1.4 万亿美元，罗氏集团将成为全球最大的处方药公司，销售额为 610 亿美元；Keytruda（K 药）则为全球最畅销的单品种药物，销售额为 249 亿美元。无论是寡头的销售额，还是其单一品种的销售额集中度都将保持在较高水平。

---

[1] 资料来源为 *World Preview 2020, Outlook to 2026*。若与欧盟等其他机构发布的报告比照看，虽然具体数据上不尽一致，但显示的全球头部企业销售额与研发投入强度双重领先的特点是一致的。

[2] 此处的处方药市场分为处方药（除去仿制药和孤儿药）、仿制药、孤儿药三个细分市场。

表 7-2　2019 年全球 TOP 10 医药企业销售额与研发投入

排名	公司名称	销售额（10亿美元）	市场份额（%）	研发费用（10亿美元）	研发强度
1（1）	罗氏集团	48.2	5.5	10.3	21.4
5（2）	强生	40.1	4.6	8.8	21.9
2（4）	诺华	46.1	5.3	8.4	18.2
4（3）	默克	40.9	4.7	8.7	21.3
7（10）	艾伯维	32.4	3.7	5.0	15.4
3（5）	辉瑞	43.8	5.0	8.0	18.3
9（6）	百时美施贵宝	25.2	2.9	5.9	23.4
6（—）	赛诺菲	34.9	4.0	—	—
10（9）	阿斯利康	23.2	2.7	5.3	22.8
8（8）	葛兰素史克	31.3	3.6	5.5	17.6
（7）	礼来	—	—	5.6	27.9

注：括号内外分别为研发费用排名、销售额排名；研发强度为研发费用/销售额。

资料来源：根据 Evaluate Pharma 的 *World Preview* 2020, *Outlook to* 2026 整理。

此外，从表 7-2 可以看出，销售额排名靠前的企业，一般也是研发投入靠前的企业，两者高度重合，在前文提到，这点与我国医药产业非常不同。

（二）全球生物技术医药产业竞争格局

世界主要国家高度重视生物技术创新及生物药行业发展，将其列为本国优先发展的领域。美国实施"生物技术产业激励政策"，持续增加相关环节的投入。日本制定"生物产业立国"战略，积极布局生物疗法前沿技术。欧盟科技发展第六个框架指定研发经费的 45% 用于生物技术。英国早在 20 世纪 80 年代就设立了"生物技术协调指导委员会"，采取举措促进产业界、学术界加大对生物技术开发研究的投入。"十二五"与"十三五"时期，中国将生物产业列为战略性新兴产业，并将生物药作为生物产业的重要组成部分，加以重点扶持。

随着生物技术浪潮迅猛发展，经过多年市场竞争和发展，以及政府恰当引导，许多发达国家逐步形成了若干生物医药产业集群，成为本国产业竞争力的源泉。美国已形成了波士顿、华盛顿、旧金山、北卡罗来纳州、圣迭戈五大生物技术产业区，硅谷贡献了美国生物技术产业半数以上从业人员、销售收入、研发投入。德国 50% 的生物公司坐落于威斯特法利亚和巴伐利亚州的莱茵河北岸。英国的剑桥基因组园、法国巴黎南部的基因谷聚集了大量生物公司与研究机构、投资机构、服务机构，提供了本国生物技术产业大部分产值和就业机会。

全球生物医药产业规模持续高速增长，但国家和地区之间发展非常不平衡。美国、欧洲、日本等少数发达国家和地区技术优势突出、产业基础深厚，在全球生物技术医药产业发展中占据主导地位，是全球生物药研发生产的主要国家和地区。这些国家和地区拥有全球 90% 以上的生物药专利，仅美国一个国家就拥有世界近 60% 的专利。全球发展较好的生物技术公司大多数在欧美地区，而且这些公司的销售额占全球生物技术公司合计销售额的 90% 以上，仅美国一个国家的公司开发的产品数量（产品销售额）就占全球产品数量（产品销售额）的 70% 以上。此外，生物技术医药产业的集中度呈上升趋势，跨国企业通过兼并重组，垄断程度不断加大，单品种的市场集中度也在升高。从全球范围看，美国是生物药综合实力最强的国家，企业与产业具备绝对的竞争优势。作为生物医药技术与产业的发源地，除了上述专利、新产品、销售额方面的优势，美国既是消费大国，也是研制强国，更是技术创新策源地，还是全球生物药准入的风向标，迄今为止，美国已经批准了 300 多个生物药，是我国的 10 余倍。

三、全球医药企业技术创新现状与趋势

（一）投入居高不下的同时效率下降

欧美大型药企发展史代表了全球医药产业发展史，也代表了全球医药技术创新史。从研发投入看，全球大型制药公司即便在销售额很高的情况下，研发投入占销售额的比重仍然保持在 20% 左右。2015～2019 年全球研发开支保持在高位，有小幅上升，2019 年达到 1823 亿美元（见图 7-2）。从研发活动看，新药临床试验申请大幅增加。例如，美国食品药品监督管理局（FDA）每年接获的新药临床试验申请数，从以往几年的 300 多项，激增至 2019 年的 618 项。这也预示着未来一段时间医药研发投入居高不下。与此同时，很多研究和咨询报告都表明，制药巨头的研发效率却在下降。这其实符合技术发展的规律。近年来，随着优良的潜在化合物被逐个开发，化学药新药研发的成功率必然降低。欧美制药巨头自研新药上市数量呈下降趋势，而且专利药过期后面临仿制药的巨大冲击，成为不可避免的对盈利与研发再投入的两大约束，对此，大型药企纷纷谋求新的创新重点与创新方式。

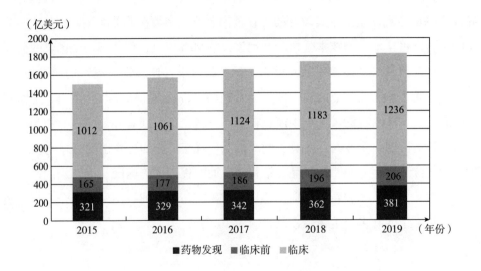

图 7-2　2015~2019 年按研发阶段划分的全球研发支出

资料来源：2020 年中国及全球药品研发行业市场现状　新药临床试验研发支出大幅增加［EB/OL］．（2020-10-23）［2022-08-10］．https：//www.qianzhan.com/analyst/detail/220/201022-1af013ab.html.

（二）热点转向生物技术药

生物技术药是当前发展的热点，也代表了发展的未来。这是因为：一是技术与产品自身的特性，生物大分子药凭借靶向性高、选择性好、疗效确切等优势，成为产品创新的主攻方向，世界上最尖端、革命性的肿瘤、艾滋病等重大疾病治疗方法，都是由生物大分子药物促成的。二是肿瘤治疗临床需求旺盛，现代生物技术广泛应用在医学治疗上，肿瘤学是当今及未来的医学发展重点，也是生物药面向的主要治疗领域。2019 年，该领域销售额 1454 亿美元，远超排名第二的糖尿病领域（510 亿美元）、第三的免疫抑制领域（240 亿美元），而且以后预计将以 11.5% 的复合年均增长率上升至 3000 多亿美元。三是技术发展到了产业化阶段，随着以基因工程、细胞工程、酶工程为代表的现代生物技术迅猛发展，生物药产业化进程明显加快，目前正处于技术大规模产业化的快速发展阶段，生物药数量迅速增加（见图 7-3），逐步进入投资收获期，截至 2021 年初，全球已获批上市的原研生物药为 657 个（见图 7-4），主要集中在肿瘤、感染、血液病和免疫等相关领域。据统计，1996 年之前的 15 年，美国 FDA 共批准了 19 个生物药，而 1997~2007 年则批准了 65 个，最近几年，美国 FDA 每年批准的产品中有 1/3 是生物药。有学者研究认为，近几年来，至少是在生物药领域，医药技术创新的效率正在提高。[①]

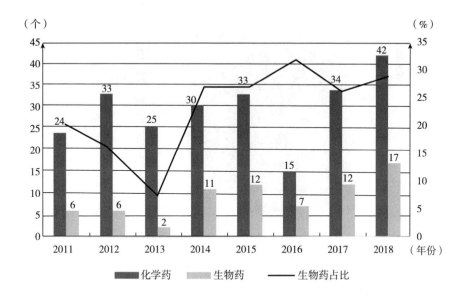

图 7-3 2011~2018 年美国 FDA 批准新药情况

资料来源：根据公开资料整理。

① Pammolli F，Righetto L，Abrignani S，et al. The Endless Frontier？The Recent Increase of R&D Productivity in Pharmaceuticals［J］. Journal of Translational Medicine，2020，18（162）.

在上述技术推动与市场拉动的共同作用下，全球生物技术医药产业快速发展，与化学药及产业平均水平相比，在规模增速、市场份额增速上都保持更高水平。例如，20 世纪 90 年代以来，全球生物药销售额以年均超过 30% 的速度增长，大大高于全球医药行业年均不到 10% 的增速。世界主要国家政府机构、跨国制药巨头、投资界普遍认同生物技术药是 21 世纪最具前景与回报的科技领域。近些年来，国际医药企业在生物技术领域开展了积极的产品创新。数据显示，全球在研的生物技术药超过 2000 种，其中 70% 以上已进入临床试验。一些知名的生物技术公司的研发投入占销售额的比重在 30% 以上，风险偏好的生物技术公司则有着更高的研发强度。这些都意味着未来有源源不断的生物药新产品供给。人类基因组计划开启了资本市场对生物技术股的热情追捧，1995~2017 年，纳斯达克生物科技指数的涨幅为近 19 倍，远超过同期标准普尔 500 指数的仅为 4 倍多的涨幅。近十年，一些生物技术股表现明显超出标准普尔 500 指数，非常具有投资价值。

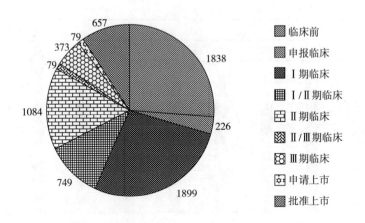

图 7-4　全球已获批上市及在研的原研生物药数量及结构（截至 2021 年初）

资料来源：医药魔方公开数据。

（三）与人工智能和量子计算的融合

近些年来，人工智能（AI）发展势头迅猛，在制药行业的应用场景也日趋成熟。机器学习可以使药物开发中的许多分析过程变得更高效，有可能缩短数年的研发工作，节省数亿元的投入。目前，全球 AI 辅助药物研发的专业开发公司超过 200 家，从靶点筛选、药物设计到临床试验都成为了 AI 的应用场景。产业界主要有两种途径可以实现 AI 为药物研发赋能。途径一：辉瑞、赛诺菲、罗氏集团、葛兰素史克、强生、阿斯利康等大型药企纷纷与 AI 企业开展合作。途径二：信息技术领域的大型公司利用技术优势跨界进入制药业，如谷歌、IBM、英特尔、苹果、微软等国际巨头，腾讯、百度、华为等国内知名企业，它们或自身搭建药物开发平台，或与传统药企合作。这两年来，量子计算辅助药物研发也在兴起。量子计算依托于量子计算机，能实现传统计算机无法完成的任务。制药巨头认可了这一技术的应用价值。2021 年初，勃林格殷格翰宣布与谷歌量子人工智能合作，共同研究量子计算在药物研发，特别是分子动力学模拟中的应用；罗氏集团与剑桥量子计算宣布就早期药物发现和开发中的 NISQ（Noisy Intermediate Scale Quantum）算法设计进行合作，在阿尔茨海默症这一疾病领域实现应用。

四、全球医药企业技术创新组织方式

（一）活跃的并购重组

为建立全球性的生产与销售网络，或者为了获取新药或直接掌握新技术，大型制药企业与生物技术公司、生物技术公司之间及大型制药企业之间在全球范围内的兼并重组非常活跃。已经持续多年的全球医药产业并购重组热潮，大大提高了跨国公司抢占市场、拓宽研发管线、截获技术、获取超额利润的能力。因为新冠肺炎疫情等原因，2020 年全球大型收并购事件数量和金额大幅减少，全球十大并购事件总金额为 1367 亿美元，仅为 2019 年的一半。其中，生物药依然是交易热点。有资料显示，2020 年生物药领域共有 166 起收并购事件发生，交易总价值达到1310亿美元①，十大交易事件如表7-3所示。连续几年，肿瘤学是生物药收并购交易的第一主题，免疫学和心血管疾病紧随其后，细胞和基因治疗也是热门主题。

表7-3　2020年全球生物药领域十大并购交易事件

序号	收购方	标的方	交易估值（亿美元）	细分领域
1	阿斯利康	Alexion	390.00	免疫学
2	吉列德	Immunomedics	210.00	肿瘤
3	百时美施贵宝	MyoKardia	130.71	心血管
4	强生	Momenta	65.00	免疫学
5	吉列德	Forty Seven	49.00	肿瘤
6	拜耳	Asklepios BioPharmaceutical	40.00	基因疗法
7	赛诺菲	Principia	38.50	免疫学
8	默沙东	VelosBio	27.50	肿瘤
9	雀巢	Aimmune	26.00	过敏
10	黑石集团	Takeda Consumer Healthcare	23.00	消费者健康

资料来源：根据公开资料整理。

（二）合作研发与合同研究

制药巨头正在积极改变创新组织方式。Schuhmacher 等（2016）提出，若以上市新药数与R&D投入衡量研发效率，近几十年都呈下降趋势，为应对这一趋势，药企采取了多种措施，包括通过投资组合管理、许可等来降低投资组合与项目风险，通过外包、后期阶段发展的风险共担等来降低研发成本，通过如创新中心、众包的开放式创新等步骤来提升创新潜力。在现实中，典型的技术创新合作方式可分为以下两种：

第一种是合作研发。全球已被批准的生物技术药中至少一半是通过跨越原有组织边界，开展组织之间合作的方式研制成功的。新兴生物技术很多由小企业所

---

① 统计交易范围包括生物制药、非处方药物（OTC）、给药技术，以及合同研究、制造和临床试验服务；不包括医疗器械、诊断、研究工具、动物健康和保险。

掌握，几乎所有制药巨头都与这类小企业结成了战略联盟，技术力量雄厚的专家型小公司主攻技术开发，制药巨头获得药品生产、销售权益，这种模式非常适配于生物药技术创新规律。近些年是生物药的"合作大年"，每年数以千计企业宣布和完成交易，交易内容包括许可、产品引进、商业化、联合经营、生产供应、期权与研发联盟等，交易模式也更加多元化，有预付款、研发支出和特许权使用费等。2020年，1153项生物医药合作被宣布，总估值达到1830亿美元，排名前十的合作估值合计421.07亿美元，占总估值近1/3（见表7-4）。肿瘤、传染病和神经系统疾病领域合作数量居前三位，分别占合作总数量的32%、24%和14%。①

表7-4 2020年生物药领域合作交易TOP10

序号	公司	合作公司	治疗领域	交易估值（亿美元）
1	诺华	默克	肿瘤	69.10
2	第一三共制药	阿斯利康	肿瘤	60.00
3	Seattle Genetics	默克	肿瘤	42.00
4	Silence Therapeutics	阿斯利康	多个治疗领域	40.80
5	Fate Therapeutics	杨森	肿瘤	39.16
6	Genmab	艾伯维	肿瘤	39.00
7	Alteogen	未公开	未公开	38.81
8	Sage Therapeutics	渤健	神经系统疾病	31.25
9	Repare Therapeutics	Bristol Myers Squibb	肿瘤	30.65
10	IDEAYA Biosciences	葛兰素史克	肿瘤	30.30

资料来源：根据公开资料整理。

第二种是合同研究。合同研究组织（Contract Research Organization，CRO）通常提供涵盖药物发现、临床前及临床阶段的全面研发解决方案，以低成本、专业化和高效率的运作方式，在冗长的药品研发流程中发挥着重要作用。制药公司依靠CRO管理复杂项目，以降低研发成本与风险，加速药物研发进程。2015~2019年全球药品CRO市场规模的复合年均增长率为8.7%，2019年CRO市场规

① 数据来源于 *Biopharma Dealmaking in* 2020。

模为 626 亿美元，临床 CRO 市场规模为 406 亿美元（见图 7-5）。据统计，目前 CRO 公司承担了美国近 1/3 的新药开发的组织工作。

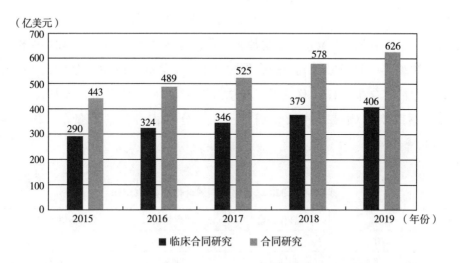

（亿美元）

图 7-5　2015~2019 年全球药品（临床）合同研究组织市场规模

资料来源：2020 年中国及全球药品研发行业市场现状　新药临床试验研发支出大幅增加 ［EB/OL］. （2020-10-23）［2022-08-10］. https：//www. qianzhan. com/analyst/detail/220/201022-1af013ab. html.

第八章 中国医药企业技术创新外部环境的系统分析

本章主要是以历史的眼光对中国医药企业技术创新的外部宏观环境与中观（产业）环境进行分析，力求在纵向对比中有所发现，在个别需要的时候进行国内国际横向对比，更深入的横向对比由第四部分案例分析完成。

一、外部环境整合性分析工具的提出

目前，我国进入了经济发展方式转型期。这意味着，我国既要转变经济增长动力，通过技术进步提高劳动生产率，使创新成为主要动力，也要转变经济增长结构，由以低端产业为主的增长转为以高附加值的中高端产业为主的增长。我国医药产业发展必然要顺应这种形势，即要提高劳动生产率，成为真正的高附加值产业。但目前看来，我国医药产业规模增速较高，但技术创新投入不足、成效较低，供给无法满足需求。面向未来，我国医药产业发展要尊重经济规律，提高企业技术创新积极性与投入，实现供需均衡。根据第二部分的分析，影响医药企业技术创新的因素非常多，涉及宏观、中观层面。本章主要在宏观层面参照 PEST 分析工具，在中观层面参照波特五力模型，分析我国医药企业技术创新的外部环境。进一步，以提升产业创新能力为视角，使用 SWOT 分析工具，梳理总结我国医药产业创新发展面临的机遇与挑战，具有的优势与劣势，在价格调节供需均衡目标下，提出发展战略与路径。一个整合的分析工具见图 8-1。

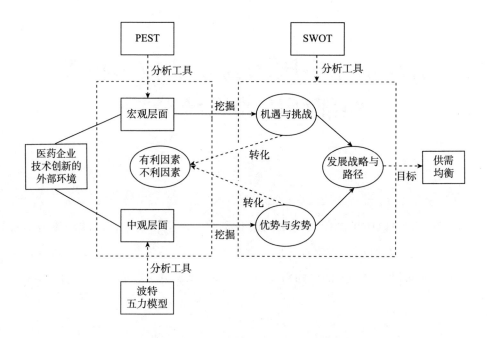

图 8-1　企业技术创新的外部环境整合性分析工具

PEST 工具用于对宏观环境的分析。宏观环境又称一般环境，是指影响所有行业与企业的宏观力量，包括政治法律（Political）、经济（Economic）、社会文化（Social）、技术（Technological），宏观环境中的趋势和事件较难预测与控制，行业与企业无法影响这些力量，可以视之为不可抗力。医药产业受政府扶持倾向、生命科学人才供给、资本市场认可程度、医药卫生体制改革、全球生命科学浪潮影响较大。医药是医疗的衍生需求，而且我国正在加快深化医药卫生体制改革，因此有必要分析这一因素。临床试验涉及生命健康与医院管理，远非医药产业能够调配的资源，也属于偏宏观层面的因素。此外，中美经贸摩擦也会对医药产业造成深远影响。

波特提出的五力模型确定了竞争的五种主要来源：供应商的议价能力、购买者的议价能力、潜在竞争者进入的能力、替代品的替代能力、行业内竞争者的竞争能力。对于医药产业而言，原料药供应商的讨价还价能力较弱；较高的技术壁垒及行业准入监管的进入壁垒，使潜在竞争者进入的能力较弱，我国本土产业以仿制药为主，故仿制药对原研药的新进冲击也可以忽略；不存在替代程度较高的替代品，仅可能个别医药品种会被医疗器械替代，或者被中药、保健品替代。主要影响力量来自购买者的讨价还价能力，这还会导致医药商业对医药工业造成利润挤出，以及行业内竞争者的竞争能力；在全球化背景下，我国本土产业还面临着激烈的国际竞争。

SWOT 分析法即态势分析法，把与研究对象密切相关的主要优势（Strength）、劣势（Weakness）、机会（Opportunity）和威胁（Threat）罗列出来，依照一定次序以矩阵形式排列，然后运用系统分析思维，将各种因素相互匹配，从中得出对策。

通过对图 8-1 整合性分析工具的运用，一是能够为企业技术创新外部影响因素挖掘分类提供分析基础，对应到本书的研究对象与目的，优势因素、劣势因素可分别转化为企业技术创新中观（产业）环境的有利因素与不利因素，机会因素、威胁因素可分别转化为企业技术创新宏观环境的有利因素与不利因素。二是能够为政策优化提供分析基础，考虑到篇章结构安排，相应对策在第五部分提出。

二、宏观环境分析

（一）政治：政府扶持倾向

我国政府对医药研究及产业发展具有大力扶持倾向。生命科学和医学一直是我国科学研究的热点领域之一，新药研发更是生命科学与医学所关注的应用重点。政府对医药产业发展也是非常鼓励的，制定的相关规划、战略的主要意图是，引导企业从药品仿制向仿创结合再向新药创制转变，激发大中型医药企业创新活力，加快小型医药企业专精特新发展，推动医药产业转型升级，强化医药企业在医药产业创新体系中的主体地位。

在调研过程中，笔者发现，现有政策对药企技术创新的不利影响因素越来越少，目前医药企业、行业协会普遍呼声强烈的是"政府定价不合理"。访谈对象一致认为，现行定价机制不能反映创新价值，药品价格管制不应等同于机械地降低药品价格，医保控费是国家医疗保障局成立之后工作的主基调，集中带量采购这一政策措施虽然加速了仿制药价格的下降，但也挤压了制药厂商本来就不高的利润，而且没有合理体现创新回报，不利于激励企业增加研发投入，对医药产业健康可持续发展是一把"双刃剑"。

对此，笔者认为背后的深层次原因包括：一是我国医保体系尚未正确地引入药物经济学评价，这从根本上影响了医保体系偿付的效率和效果，也影响了药品价格反映价值的能力。二是除基础研究与鼓励性的产业政策外，我国医药产业发展的社会环境并不理想，大众传媒经常简单地宣扬医疗支出高就是因为药价高，忽略了价格与价值关系如何的核心问题，而且认为降低药价的方式就是降低厂商定价，从未考虑过压缩流通环节，这造成了我国的支付环境对制药业片面化的舆论打压。

（二）经济：创新要素配置

1. 研发人才

从研发人才分布看，中国药物原始创新高端人才，如院士、科学家、青年学者，绝大部分集聚在大学和科研院所，而非集聚在企业研发中心。造成这种现象的原因主要是，中国医药企业普遍比较弱小，提供的薪酬待遇比较一般，而大学和科研院所能够提供更有竞争力的薪酬，而且还提供了稳定性、社会地位等非金钱的待遇，所以产生了科研机构对企业人才的"挤出"效应。从研发人才构成看，全产业存在顶尖人才稀缺问题。近些年，随着海外高层次人才的引进，以及在华跨国企业人才的流出，这种现象有所好转。

2. 资本市场

随着我国医药创新回报机制的逐渐形成，最近几年，新药开发成为资本青睐的重点领域，生物制药企业是投资的重点对象。从私募融资看，2019年，根据已披露的我国医药及生物技术行业私募融资的交易数据，2019年融资总金额为40亿美元，交易数量117笔，平均单笔金额约为3400万美元。这些交易主要发生在大分子和小分子领域，此外还有研发/生产外包、细胞治疗、基因治疗等领域。虽然大金额融资的回落显示市场热度有所减退，但已进入成长中后期企业的融资仍稳健增长，预计未来几年会有较多退出机会，这将引领整个行业投资进入良性循环①。从上市融资看，2019 年全国共有 43 家医药公司上市挂牌，募集资金总额达 362.4 亿元。至此，A 股医药行业上市公司累计 282 家（按行业代码统计）。恒瑞医药、复星医药、康美药业等公司于 2017 年底就已进入"千亿元市值俱乐部"；而且恒瑞医药作为 A 股医药公司市值的领头羊，于 2019 年冲破 4000 亿元市值大关。A 股科创板、港股生物科技板块为我国医药创新开辟了新的融资通道。2019 年，共有 13 家医药企业在港股上市，其中绝大多数为科技型企业。科创板开市，共有 17 家创新型医药企业上市，占比达到近 25%，募集资金合计近 140 亿元。

3. 临床试验

临床试验资源与水平是医药技术创新重要的设施条件。自 2015 年以来，我国颁布了与国际多中心临床试验（MRCT）有关的系列政策，特别是"允许境外未上市新药经批准后在境内同步开展临床试验"这一条文，推动了 MRCT 的快速发展。2019 年，中国药品 CRO 市场规模为 68 亿美元，其中临床药物研究占据很大份额。自从加入国际人用药品注册技术协调会（ICH）以来，我国凭借巨大的未满足医疗需求所蕴藏的市场潜力，吸引了越来越多的全球制药及生物技术公司在我国进行 MRCT。此外，近年来的监管改革及对临床试验质量及完整性的日益重视，导致临床（CRO）市场形成了更高价格，进一步刺激了市场增长。2015～2019 年，中国临床（CRO）市场规模从 13 亿美元增长至 37 亿美元，复合年均增长率为 29.9%（见图 8-2）。在中国进行 MRCT 发挥了外商直接投资（FDI）对东道国产业发展水平提升的促进作用。在这个过程中，中国研究者能够参加跨国公司的早期临床试验，得到知识溢出，2017～2019 年，中国 710 家临床研究中心共 1300 名研究者参与了 MRCT 临床试验；跨国企业也对药物临床试验质量管理规范（Good Clinical Practice，GCP）及相关政策法规制定完善发挥了重要作用。在当下集中带量采购和医保控费的约束下，如果我国创新药公司将目光局限

---

① 数据来源于《2019 年全球生物医药报告：资本起落，创新为先》。

在国内，基于国内现实的偿付价格，并不能为未来的研发提供可持续性的投入回报，预计我国开展 MRCT 的企业将逐渐增多。跨国企业在华进行 MRCT 也为我国企业去海外开展 MRCT 提供了示范。

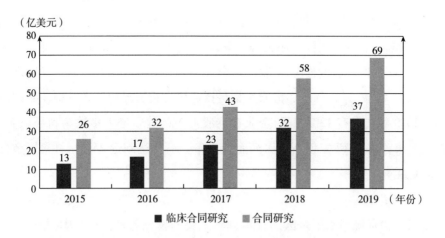

图 8-2　2015~2019 年中国药品（临床）合同研究组织市场规模

资料来源：2020 年中国及全球药品研发行业市场现状　新药临床试验研发支出大幅增加［EB/OL］. (2020-10-23)［2022-08-10］. https：//www. qianzhan. com/analyst/detail/220/201022-1af013ab. html.

（三）社会：医药市场及医药卫生体制改革

1. 医药市场

在中国，医药市场的大小并不是经济问题，更加属于社会文化范畴，因此医药卫生常被称为"事业"，而非"产业"。中国是仅次于美国的全球第二大医药市场。中国医药市场规模呈稳定上升态势，由 2015 年的 1943 亿美元增至 2019 年的 2363 亿美元。主要驱动因素包括①：近几年，全国基本医疗保险参保人数增加，2019 年超过 13.5 亿人，参保率接近 100%；全国医疗卫生机构总诊疗人次增加，2019 年 1~11 月达 77.5 亿人次，同比提高 2.8%；近几年上市的新药陆续进入医保支付范围，迅速放量成为新的消费增长点。此外，还有中国民众健康意识不断增强，全球

---

① 资料来源于中国医药企业管理协会《2019 年中国医药工业经济运行报告》。

行业技术进步，中国消费能力增加等因素。但近年来，随着限制不合理用药和过度诊疗，以及药品集中采购、重点监控药品目录等政策措施的推行，中国医药市场进入了中低速增长态势，全年药品销售额增速逐步放缓。2019年全国药品销售额同比增长仅为4.8%，比2018年增速下降1.5个百分点。医保筹资增速仍落后于支出增速，控费压力依旧很大，成为中国医药市场扩容的硬性约束。

同全球市场结构一样，化学药是中国医药市场的最大组成部分，2019年占中国医药市场总规模的一半，生物药虽然份额最小，但2015~2019年的复合年均增长率高达18.2%，预计2025年，中国生物药市场总规模将达到8332亿元（见图8-3）。同全球市场结构不同的是，创新药在中国医药市场的比例较高。2019年，创新药市场规模占中国医药市场规模的一半以上（见图8-4）。未来，仿制药及生物类似药有望因一致性评价、医保控费、生物类似药陆续上市等因素实现大幅增长。我国另一独特的市场特征是，公立医院终端占据绝对主导地位。从近几年三大终端①药品销售结构来看，公立医院稳居首位，零售药店次之，公立基层医疗占比最小。2019年，三者药品销售额分别为11951亿元、4196亿元、1808亿元，合计为17955亿元，如图8-5所示。

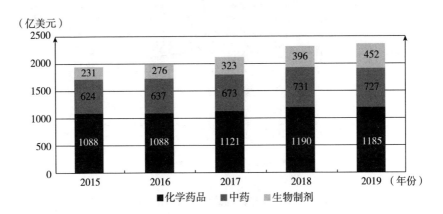

（亿美元）

图8-3 2015~2019年中国制药行业市场规模

---

① 根据中国目前医药市场特征，药品销售终端可以细分为三大终端六大市场；公立医院，包括城市公立医院和县级公立医院市场；零售药店，包括实体药店和网上药店（获得药品经营许可证）；公立基层医疗，包括城市社区卫生中心/站和乡镇卫生院。

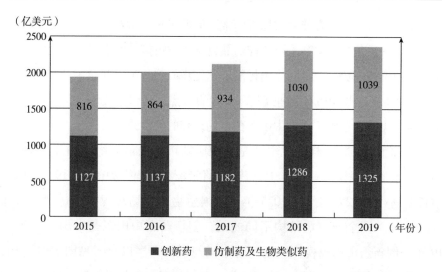

图 8-4 2015～2019 年按创新药与仿制药及生物类似药划分的中国市场规模

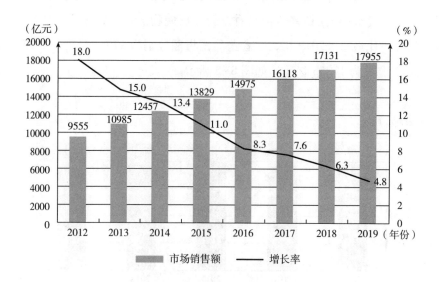

图 8-5 2012～2019 年中国药品终端市场销售额及增长情况

资料来源：2020 年中国药品零售行业发展现状分析 市场规模增速放缓将近 1.8 万亿元 ［EB/OL］. （2020-06-04）［2022-08-11］. https：//bg. qianzhan. com/trends/detail/506/200604-8f0f01a4. html.

2. 医药卫生体制改革

在经济高速发展的同时，中国的卫生总费用从 2011 年的 2.43 万亿元升至

2019 年的 6. 52 万亿元，复合年均增长率为 13. 1%，与此同时，中国卫生总费用占 GDP 比重不断提高，从 2011 年的 5. 0%增加至 2019 年的 6. 6%。然而，我国在医疗卫生上的政府投入力度远低于世界平均水平，与世界第二大经济体的地位极不相称。2019 年，我国中央政府和地方政府在医疗卫生领域的财政支出占总支出的比例约为 7%，而国际上该数据的平均水平在 14%以上，相当多的国家是在 20%以上。这是制约我国医药产业发展的重要原因之一。

很长一段时期，我国在深化医药卫生体制改革，这为医药产业发展带来很大不确定性。2018 年，国家医疗保障局成立，作为战略性买方（Strategic Buyer），加速了医保、医药、医疗"三医联动"，"带量采购"等新政对医药产业产生深远影响。在医保控费的前提下，医疗支付政策正在进行"腾笼换鸟"式的结构调整，创新药和专利产品将可能拥有更充足的医保资金支持。理论上，我国的政策制定者能够通过在上市、定价、医保环节上体现创新价值，来增加医药企业研发意愿，但这并未成为当前医药卫生体制改革的重点方向。

（四）技术：全球生命科学浪潮

从全球创新趋势看，药物研发正在升温，国际研发热点从化学药转向生物药，癌症、糖尿病、认知障碍和炎症等领域发现了一些新型分子药物，诊断和治疗逐渐紧密结合、相辅相成，颠覆了传统的医药医疗分离模式，新赛道的出现有利于我国实现换道超车。

三、中观（产业）环境分析

（一）购买者的讨价还价能力

我国购买者的讨价还价能力较强。经过多轮药品价格下调，我国医药制造业利润空间已经颇为有限，部分品种甚至因为利润微薄而停产停供，成为"短缺药"。我国药品定价主要基于生产厂商的成本定价法，而非基于消费者意愿

（Willingness to Pay）或者内在价值（Value for Money），现有定价方式未考虑到药物研发的高水平高风险投入特点，而且没有对商业流通环节进行一定管控，进一步导致医药商业对医药工业的利润挤压。我国本土大型医药企业集团多以经营大规模医药流通为主，并无意愿深耕医药制造业。例如，2018年，国药控股股份有限公司营业收入约3445亿元，几乎全部为医药商业；华润医药集团有限公司营业收入约1896亿港元，医药分销、零售、制造业务分别占比为80.21%、2.87%、16.83%；上海医药集团股份有限公司营业收入约1590亿元，其中，医药商业为1396亿元，医药工业仅为194亿元①。这些流通巨头的经营活动并不为医药产业发展贡献高附加值，但却抬高了医药产品的最终销售价格，过度攫取了医药产业的利润。与医药流通相比，医药制造难度大、投入大、风险高、约束多，我国本土大型医药企业集团多为国有企业，在国有企业以规模考核为导向等体制机制约束下，向医药制造业务转型动力不足。总之，在医药成本价格管控法、医药流通创收能力强、国企以规模考核为导向等多重因素共同作用下，我国医药制造业无法形成创新需要的投入产出良性循环，难以追赶国外先进制药企业的研发力度和持续投入。

（二）产业竞争格局

中国医药产业保持了数十年的高速增长。以2007~2017年为例，中国医药工业总产值从6719亿元增长至35699亿元，复合年均增长率为18.2%，远高于同期GDP增长率。"十二五"期间，平均年利润增速达到14.5%，居全国工业各行业前列。近年来产业运行的具体情况详见表8-1②。但与发达国家相比，中国医药工业占GDP的比重不高，不足美国这一比重的1/3，所占全球市场份额也微乎其微，不足美国所占份额的1/15。

中国医药产业结构正在优化调整。企业竞争上，中国有4000多家企业，整体呈现小而散的局面，存在低水平重复竞争。据统计，2018年我国近80%的制药企业年主营业务收入不足2000万元，虽然一些重点企业的市场份额不断增加，

---

① 资料来源于《2018年中国医药巨头收入构成大揭秘》。
② 此段对于医药工业的数据采用政府部门使用的范畴，而非学术定义的范畴，前者比后者宽泛。

市场集中度得到明显提高，但与国际寡头的集中度差距仍然很大。目前看，我国医药市场竞争正在加快优胜劣汰。一致性评价成为仿制药参与市场竞争的进入壁垒，随着欧美创新药、印度仿制药的加快进口，国内医药企业增长和盈利压力陡增，产业发展将进入转型升级的"阵痛期"，产业结构有望在未来进一步优化。空间结构上，主要分布在江苏、浙江、山东和河北，形成了长江三角洲和环渤海聚集区（杨青生和刘玉玲，2016）。上海张江药谷、苏州生物纳米科技园、北京中关村科技园、武汉光谷生物城和广州国际生物岛等医药产业集群成为产业发展的引擎。行业结构上，医药制造业 85% 以上的主营业务收入来自化学药和中成药。

表8-1　近年来中国医药制造业运行数据　　　（单位：亿元）

年份及指标 行业及领域	2018 年		2019 年		2020 年	
	营业收入	利润总额	营业收入	利润总额	营业收入	利润总额
医药制造业	23918	3187	23884	3184	25054	3693
其中：化学药品制造	12372	1579	12303	1653	12239	1648
中成药生产	4490	644	4591	638	4433	677
生物药品制品制造	2369	453	2465	452	2811	663

注：本表数据口径为年主营业务收入 2000 万元及以上的工业企业法人单位。

资料来源：中国高技术产业统计年鉴。

在调研中，笔者发现，目前产业格局存在的主要问题有以下两点：

第一，竞争格局无法适应全球创新新模式。总体上看，我国目前有 4000 余家医药企业，缺乏具有全球竞争力的大企业和核心竞争力的科技型中小企业，更没有形成美国那种大中小企业融通创新的产业格局。美国是全球医药创新与产业的领跑者，全球 80% 以上新药是在美国首次上市。从美国发展经验看，跨国药企多年以来一直是创新的主要源泉。为了缩短研发周期、降低研发风险、提高研发效率，这些企业通常和学术界、研发外包企业建立合作关系。但 20 世纪 70 年代，伴随生物技术浪潮的到来，生物技术医药企业（Biotech）如雨后春笋般涌现，迅速成为连接研究机构与大型药企（Pharma）的重要桥梁，加快了科研成果向惠及民众的创新产品的转化，利益相关者实现了优势互补、风险共担、利益共享，改变了产业创新模式，共同推动了产业创新能力提升。后来，这种产业创新模式也出现在欧洲、日本等国家和地区。近几年来，我国也涌现了一些生物技术医药企业，陆续在港股生物板块、A股科创板等资本市场成功上市，如信达生物、百济神州等，成为我国医药产业的"独角兽"。这批企业创新能力极强，发展势头迅猛。我国这批冉冉升起的 Biotech，能否发挥像美国 Biotech 在美国医药产业创新能力中的作用，值得深入探讨。

第二，产业集群亟待转型升级。在单家企业竞争力较弱的情况下，产业集群往往是一个国家或地区应对国际竞争的有效组织方式。产业集群具有知识溢出、设施与服务共享、人才交流等外部性，能够增强产业竞争优势。近些年来，以产业集群的方式促进产业发展，成为我国学术界、实业界、各级政府的共识。我国上海、北京、武汉、广州、深圳等地都形成了特色鲜明的医药产业集群。然而，我国医药产业集群在全球价值链分工体系中处于中低端，主要是资源禀赋型集群（如依托长白山中药资源的吉林通化）和生产制造型集群（如哈尔滨利民生物医药产业园），仅有上海张江等为数不多的集群是以技术创新驱动发展。政府扶持是我国医药产业集群形成的主要动力（朱艳梅等，2013）。目前，这些状况没有得到根本改善。更为突出的是，与美国波士顿、英国剑桥等医药产业集群相比，我国医药产业集群经济外部性不足，集群内企业更多是地理空间上的集聚，缺乏创新网络与生态。一些研究表明，生物技术医药企业创新网络比化学药企业创新网络要更开放，而且要不断演化。相较于化学药行业，上述类型的集群对于生物药行业更加无法起到支撑作用。

（三）国际竞争力与地位

1. 国际化发展与出口

我国医药产业国际竞争力长期处于较弱状态，主要对外出口原料药，原创制剂产品不具有国际竞争力，国际化发展仅存在个别亮点。具体包括：一是2019年，制剂出口快速增长，特别是代表高端制造能力的生物药全年出口交货值达200余亿元，增速超过10%。二是仿制药国际注册进入成果收获期。据统计，

2019 年国内 29 家制药企业的 96 个 ANDAs① 获得美国 FDA 批准，约占 FDA 年度批准仿制药数量的 1/10。技术要求较高的缓控释制剂和注射剂 ANDAs 获批增多。三是国产新药在境外开展临床研究和上市申报现象增多。到海外开展新药临床试验，成为中国药企国际化发展的新探索。2019 年，百济神州、信达生物、天境生物等科技型药企在海外的临床研究获得突破性进展；通过追随全球热门靶点，抢占原始创新领先机会（First in Class/Best in Class），百济神州的泽布替尼胶囊、石药集团的马来酸左旋氨氯地平片新药上市申请（NDA）② 获得 FDA 批准。其中，百济神州的治疗淋巴瘤的 BTK 抑制剂泽布替尼实现了国产创新药境外注册"零的突破"。

2. 与国际医药产业的异同

全球医药产业是我国医药企业技术创新的重要外部环境。通过前文分析可知，从总量上看，全球医药产业在市场容量和产业规模上都在稳步增长。从结构上看，一是全球医药研制与消费都是不平衡的，美欧日等发达国家和地区在市场容量、产业规模、企业竞争力、产业竞争力等方面都有绝对优势，尤其是美国在很多方面都处于全球遥遥领先的地位，新兴市场在产业供给与消费方面增速较快，在全球所占份额稳步提升。二是医药产业出现了寡占局面，并且将会在未来持续一段时间，生物技术医药行业是医药产业发展的热点与未来，也呈现由发达国家主导的局面，但还没有出现寡占格局。从技术创新趋势上看，投入增加与效率降低并存，生物技术医药极具发展前景，新药研发被人工智能、量子计算赋能，伴随而来的是，医药产业的创新组织形式发生了变化，主要体现在兼并重组、合作研发、合同研发成为常态，打破了原有组织的创新边界。

根据本章前面的分析，从我国医药产业发展历史的纵向看，我国医药市场不断扩容，已经稳居世界第二，我国医药产业规模、利润、研发投入都在增加，市

---

①　仿制药申请 ANDA 被称为简短的（Abbreviated）NDA，是因为这类申请不需要提供临床前（动物）和临床（人体）数据来证明安全性和有效性。取而代之的是，必须提供产品生物等效性的证明材料（如与原研药相比没有区别）。

②　一般符合以下情况均可向 FDA 提出 NDA 申请：新分子实体（NME），新化学实体（NCE），原批准药品相同化学成分的新盐基、新酯基，原批准药品的新配方组成，原批准药品的新适应症（包括处方药转非处方药使用），新剂型、新给药途径、新规格，两种以上原批准药品的新组合。

场集中度也在提高，企业国际化发展、产业集群发展都取得了一些成绩，人才、资本、临床资源等创新要素水平提升，准入、医保、定价等政策改革也都在加快步伐。但企业普遍研发投入低、大企业研发投入低、产业格局不利于创新、国际竞争力较弱、"大市场、小产业"的供需不均衡等根本问题没有得到改善。与全球医药产业横向对比的相同点有：化学药与生物药在市场中的份额，面临的生命科学与医药技术创新趋势，以及为了应对这种趋势，兼并重组、合作研发、合同研究等一些创新组织方式。不同点有：我国医药企业规模小、数量多、研发投入低；我国医药产业规模占 GDP 比重，以及医疗卫生支出占 GDP 比重都远低于发达国家，而且我国医药产业以销售额排序的头部企业技术创新能力并不强，那些具有技术创新能力的企业规模不是很大，与国际医药产业头部企业规模与技术创新能力双重领先的情况有本质区别，导致我国企业在全球寡头竞争的格局下更加被动。国内国际产业异同具体情况如表 8-3 所示。总之，我国医药产业在全球医药产业的位置仍然属于市场大国与原材料出口国，既不是医药研制强国，也不是医药研制大国。

表 8-3　中国与全球医药产业发展与技术创新的主要异同

	中国	全球（以发达国家为代表）
相同点	新药投资回报机制形成，回报水平向发达国家靠拢； 准入、医保等制度逐步向国际接轨； 市场容量稳居世界第二但增速回落，发达国家市场增速也在回落； 面临共同的生物技术发展趋势； 全球创新组织方式变化	
不同点	医疗支出与产业规模增速较高但占 GDP 比重仍然较小； 大企业技术创新能力一般； 仿制药市场份额占 1/2； 产业结构小而散	医疗支出与产业规模增速下滑但占 GDP 比重仍然较高； 大企业技术创新投入高、能力强； 仿制药市场份额占 2/3； 呈现寡头垄断格局，大中小企业融通创新

资料来源：根据前文分析整理。

四、基于现实的企业技术创新外部影响因素 挖掘与分类

通过对本章上述分析内容进行归纳与分类，可以得出我国医药产业创新发展面临的机会与威胁，具备的优势与劣势，进一步转化为基于中国现实的医药企业技术创新外部影响因素（见表8-4）。需要在这里阐明企业技术创新的问题与产业技术创新的问题之间的关系。前文指出，业界普遍认为我国医药产业的基础科研水平与发达国家差距较小，但技术产业化进程相对滞后，成为制约产业创新能力提升的瓶颈。企业既是技术创新的主体，也是应用技术和产业化的经济活动单元，因此我国医药企业技术创新存在的共性问题，就是产业创新发展的瓶颈。除此之外，我国产业技术创新存在的问题还包括，不利于创新的产业竞争格局、产学研脱节、科研机构比企业对人才更具有吸引力等，这些成为影响企业技术创新的不利外部因素，会进一步加剧企业技术创新的问题。

在分析中，笔者发现，有些中观层面的因素和宏观层面的因素密不可分，如医药商业本属于行业问题，但是由于很多医药商业企业是国有企业，和国有企业改革这一宏观因素牵连甚密。一些因素之间有"千丝万缕"的关系，可以说是"牵一发而动全身"，如医保控费是由于医药卫生支出占GDP比例无法大幅提高造成的。还有一些外部影响因素是医药的产品属性带来的，如我国无法用发展汽车工业的鼓励合资路线来发展医药工业，因为人的生命健康比产业利益更重要，在很长一段时间内，我国本土医药研制能力无法满足人民群众看病需求，只能依赖进口甚至是鼓励进口，而这又造成了我国本就比较弱小的医药产业在跨国巨头寡占竞争下的夹缝里求生存，难以利用本国市场红利。

表 8-4　基于中国现实的医药企业技术创新外部影响因素

优势 S（中观环境有利因素）： a. 我国医药市场不断扩容，已经稳居世界第二，医药产业规模、利润、研发投入都在增加，市场集中度也在提高，企业国际化发展、产业集群发展都取得了一些成绩； b. 涌现了一些生物技术医药企业，与欧美跨国药企开展紧密的战略合作，陆续在港股生物板块、A 股科创板等资本市场成功上市	劣势 W（中观环境不利因素）： a. "大市场、小产业"的供需不均衡，高端产品多数依靠进口，本土产品低端同质化竞争严重。 b. 企业普遍研发投入低，大企业研发投入也低，导致了国际竞争力较弱、不利于创新的产业竞争格局等其他问题；研发投入低、国际竞争力较弱、不利于创新的产业竞争格局三者互相关联，彼此加强，形成下行螺旋，进一步导致医药企业研发投入低成为持续多年的根深蒂固的问题。 c. 有 4000 余家制药企业，缺乏具有全球竞争力的大企业和核心竞争力的科技型中小企业，更没有形成美国那种大中小企业融通创新的产业格局，无法适应全球创新模式。 d. 医药产业集群在全球价值链分工体系中处于中低端，经济外部性较低，对生物药行业无法起到支撑作用。 e. 在医药成本价格管控法、医药流通创收能力强、国企以规模考核为导向等多重因素共同作用下，医药制造业无法形成创新需要的投入产出良性循环。 f. 产业规模占 GDP 比重及医疗卫生支出占 GDP 比重都远低于发达国家，以销售额排序的头部企业技术创新能力并不强，那些具有技术创新能力的企业规模不是很大，与国际医药产业头部企业规模与技术创新能力双重领先的情况有本质区别，导致企业在全球寡头竞争的格局下更加被动；在全球医药产业的位置属于市场大国与原材料出口国
机会 O（宏观环境有利因素）： a. 政府对医药基础研究与医药产业的支持； b. 准入、医保、定价等政策改革也都在加快步伐，行业准入监管稳步向国际接轨； c. 人才、资本、临床资源等创新要素水平提升，资本市场认可程度提升； d. 国际多中心临床试验（MRCT）起到知识溢出作用； e. 全球生命科学浪潮提供了换道超车的可能性	威胁 T（宏观环境不利因素）： a. 现行定价机制不能反映创新价值，医保体系尚未正确地引入药物经济学评价，这从根本上影响了医保体系偿付的效率和效果，也影响了药品价格反映价值的能力； b. 支付环境对制药业片面化的舆论打压； c. 科研机构比企业对高端人才更具有吸引力； d. 医药卫生体制改革不断深化，为医药产业发展带来很大的不确定性； e. 中美经贸摩擦带来很多风险

资料来源：根据前文分析整理。

第四部分

医药企业技术创新外部影响因素的案例研究

本书第四部分的思路是，基于第三部分对全球与中国医药产业发展的分析，选取比较案例中所比较的国家与行业领域，再深入微观（企业）层面进行对比，使案例对比更加有实践意义。本部分选择中美生物技术医药企业为研究对象，以我国医药产业创新能力为视角，围绕企业组织实施技术创新活动，开展比较案例分析，对比中美企业技术创新及其外部影响因素，提出两者的区别，并找出导致企业技术创新与竞争力差距的根本原因。对案例反映的因果关系进行总结，对第二部分的理论框架予以印证，并对第三部分挖掘的外部影响因素进一步提炼。

本部分分析比较了中美生物技术医药企业技术创新与成长路径及外部因素影响机制，发现点主要有两个：①从两国企业竞争力比较来说，中国大多数 Biotech 不能在创新药领域与美国 Biopharma 或新锐 Biotech 竞争，总体上创新实力不如美国。导致这种差距的根本原因在于美国的人才优势，即拥有全球顶尖科学家、高级复合型人才、全球领先的职业经理人文化与队伍，频繁的人才合作与交流促成了技术社群。②中美两国 Biotech 对本国医药产业创新能力的影响极为不同。美国 Biotech 的创新网络实现了本地化，促进形成了大中小企业融通创新的格局，因此十分有利于本国医药产业创新能力提升。不同于美国，我国 Biotech 的创新网络是国际化的，没有实现本地化，我国 Biotech 游离于我国现有医药创新生态之外，尚不是我国医药产业创新链产业链价值链的重要环节，在我国医药创新生态中的贡献不宜被高估，对我国医药产业创新能力既有有利之处也有不利之处。后者属于"反直觉的发现点"，与笔者在调研中接触的政府、协会、专家的直觉认识不同。

　　本部分最后提出了外部因素与医药企业技术创新的关系，主要包括，无论是美国还是中国，有利于创新的审评审批、能够体现创新价值的医保偿付、包括机构投资在内的多层次资本市场、高层次人才与复合型人才是促进生物技术医药企业技术创新的外部重要因素。对于这一特定行业中的企业来说，科研院所、大学、大型药企等构成的创新网络也非常重要。产业环境中的兼并重组对于企业创新也有影响，能够帮助企业的投资者实现退出，增加了投资者的信心，也对产业内创新资源实现了优化整合，提升产业整体的技术创新能力，进一步促进了企业技术创新能力提升。反过来，企业技术创新能力对产业技术创新能力的影响在两国的表现是不同的。在此基础上，从具体回到抽象，归纳了典型案例企业技术创新外部因素影响，从而对第二部分的医药企业技术创新外部因素影响理论框架进行了验证，并且提炼了当前阶段能够促进中国医药企业技术创新，尤其是生物技术医药企业技术创新的关键外部因素，对第二部分的理论框架进行了深化。

第九章　案例比较研究方法及对象选取考虑

一、研究方法选取考虑及资料收集

（一）研究方法选取考虑

第二部分建立了医药企业技术创新外部因素影响理论框架，接下来将采用案例研究方法对此模型进行印证。案例分析的确无法对事物间的因果关系妄加揣测，但至少可以对事物间的关联关系进行印证，而后者对于实践，尤其是政策制定，同样具有重要意义。本部分之所以采用案例研究方法，首先是想了解对特定国家而言，理论框架中的哪些外部因素对医药企业技术创新起到促进作用，作用机理如何？并且截获其中的政策含义，学习借鉴发达国家先进经验。其次，前文介绍到，业界普遍认为，我国生物医药基础科研水平与发达国家差距较小，但技术产业化进程却相对滞后，成为制约产业创新能力提升的瓶颈，对此在第三部分分析产业格局时笔者提出，我国这批冉冉升起的生物技术医药企业，能否发挥像美国生物技术医药企业在美国医药产业创新能力中的作用，值得深入探讨。针对这一关切，可以引申出很多问题：我国生物技术医药企业如何组织实施创新活动？与美国的生物技术医药企业有何异同？以及能否使我国医药产业的产学研脱节问题得到缓解，进而提升我国产业创新水平？以这些问题为导向，案例研究是更适合的方法。再次，根据第三部分的分析，我国医药企业外部因素彼此交织，企业技术创新积极性与成效随外部整体环境变化而起伏波动，执着于建立外部因素与企业技术创新之间的定量关系实际意义不大。不同的外部因素对企业技术创新的影响存在着程度和方向上的差异，微观企业主体往往会受到多种外部因素的共同作用，较难提炼单一因素对企业技术创新的影响。此外，医药企业技术创新还受到宏观层面的因素，如医药卫生体制改革、国有企业改革、资金与人才等创新要素配置的深刻影响，这些因素很难以数据进行衡量。综上所述，本书认为，不宜以统计分析对政策等企业外部因素影响技术创新进行实证研究。最后，案例研究更适合我国生物技术医药企业技术创新的发展阶段，这些企业发展时间较短，大部分企业处于创业阶段，没有产品和盈利，有个别企业刚刚上市，很难获取到大量真实可靠全面的数据。此外，采用比较案例的研究方法，与单案例相比，推导出的结论更具有说服力，同时笔者力求通过对行业协会、专家、政府部门的访谈，寻求多证据来源进行交叉印证。

（二）资料收集

采用多证据来源，并对各种证据交叉印证可以提高案例研究的建构效度[①]，故而笔者力求通过多种渠道、多角度收集资料：

（1）通过与国内医药企业的创始人或高层管理人员面谈，深入了解企业发展历程与企业信息（案例企业深度访谈信息详见附录）；

（2）通过对国内企业及其所在园区实地考察，调查了解企业的经营状况及外部环境；

（3）从各种关于该公司的互联网资料、期刊文章中收集信息，当出现信息不一致时，以企业官网信息为准；

（4）从各媒体各时期对医药公司的报道中收集信息，尤其关注公司创始人或高管访谈及在行业大会上的发言；

（5）通过行业专家、行业协会及政府机构收集信息。

---

① 罗伯特. 案例研究：设计与方法［M］. 周海涛, 史少杰, 译. 重庆：重庆大学出版社, 2004.

二、研究对象选取考虑

由第二部分、第三部分的分析可知，医药企业技术创新深受国家宏观政策、行业规制等的影响，因此对比企业技术创新需要将案例放置于具体的国家与行业之下，来获得一些技术创新外部因素影响差异，以及微观企业层面技术创新异同的发现点。

（一）选取基于美国进行比较的考虑

本书选择美国进行对比的主要原因：一是本书第三部分指出，在市场容量、产业规模、企业竞争力、产业控制力等很多方面，美国都处于全球遥遥领先的地位，是医药产业发展的标杆。二是医药技术创新的"三高两长"特点、全球医药技术创新的趋势在美国医药产业与企业中都有所体现。例如，专利悬崖导致利润下滑的挑战对于美国主要制药企业也是存在的（Karamehic et al.，2013）。选择美国对比不失普遍性。三是美国制药业发展了200年，生物制药业也发展了50年，在行业发展生命周期上处于比我国靠后很多的阶段（甚至一些细分领域完成了完整的生命周期），已经形成比较成熟的、完善的、精密的运转体系，尤其是在医药产业政治经济学方面的讨论，更加基于价值（Value-Based）且具有批判性思维（Critical Thinking），能为我国医药产业政策制定打开思路。以对创新的讨论为例，美国医疗系统的高额支出招致诟病已久，一部分声音是谴责美国医药创新过多，拉高了医疗支出，呼吁更有价值的医药创新。学者对此提出很多思路，如对药物进行经济学评价。Wilson 和 Neumann（2012）对美国医药产业进行了分析，发现每人年均医药费用为2439~26478美元，中位数为9041美元，其中用于生物药的中位数最高，为人均15412美元，通过数据分析，发现很多生物药看起来物有所值（Value for Money），但生物药的平均成本效益不如其他治疗手段好，治疗感染疾病的生物药可能有更好的成本效益，治疗癌症和神经疾病的生物药不可能有更好的成本效益。Alexander 等（2011）认为一个药品即使上市后，关于相对安全性与有效性的信息也不完全，还有各式各样其他力量共同造成了一个"大部分新药不如被替代的老药好"的市场空间，为了推广创新并减少使用低价值或风险不可接受的疗法，提出了增加美国 FDA 审批所要求提交的证据、推动 FDA 审批后的限时许可、采取灵活多样的创新激励机制、更换让病人和医生容易理解的标签、修订药品偿付（Drug Reimbursement）结构等多项操作。

（二）选取基于生物技术医药行业进行比较的考虑

本书选择生物技术医药行业进行对比的主要原因：一是经过数年的跟踪模仿与密集改革，我国在产业政策与准入监管上已经与国际接轨，识别企业技术创新的外部因素影响差异需要进入更深层次进行分析，而这就需要选取更细分的行业，而且我国与发达国家国情有所不同，全盘照搬照抄的可能性很小，现阶段对全产业进行对比意义有限。二是本书第三部分指出，全球医药产业出现了寡占局面，并且将会在未来持续一段时间。美国以化学药起家的制药巨头发展历史悠久，与我国企业对比参考意义不大。三是本书第三部分也指出，生物技术医药产业是医药产业发展的热点与未来，虽然也呈现由发达国家主导的局面，但还没有出现寡占格局。在一些细分领域，我国仍有望追赶超越。四是生物医药行业与传统跨国企业互动频繁紧密，跨国企业也在将生物药研发能力内部化，因此通过比较这一行业，也能顾及对跨国制药巨头的分析理解，在保证针对性的同时也兼顾到了普遍性。五是本书第三部分还指出，从技术创新趋势上看，目前生物药技术创新是医药技术创新最核心的内容，化学药技术创新经过多年的发展，产品创新的空间越来越小，是医药产业研发投入增加与研发效率降低并存的重要原因之一，生物药技术创新不仅有很大空间，还出现了突破组织边界、开放式创新的明显特征，通过比较这一行业，也能顾及对技术创新组织方式的分析理解，从某种意义上说，技术创新组织方式本身就是技术创新的一部分内容。

（三）案例企业选取标准的考虑

第一，分别选取美国、中国的 1~2 家生物技术医药企业为主要研究对象，同时根据研究需要，也会对其他生物技术医药企业进行简要分析描述。

第二，考虑到在高新技术企业中，成长性好坏是技术创新能力高低的一种体现方式，而且更易观察和描述，故本章不单单以技术创新投入、产出、活动刻画企业技术创新能力的提升，主要是通过企业成长案例结合技术创新投入、产出、活动共同刻画企业技术创新能力的提升，本部分并没有严格划分案例企业技术创新所受影响与企业成长所受影响。由于政策优化是本书研究的重要目的之一，选择成长性较好的企业，或者是成长历程曲折的企业，能够得到更有借鉴意义的经验启示。

第三，各企业技术创新实力要位居所在国家行业前列，但彼此技术创新与成长路径应有显著差异，并且包含已进入快速成长阶段的企业，来为我国其他企业发展提供借鉴。

第四，企业应是美国、中国境内的自然人注册成立的公司。

第十章 美国生物药企业技术创新及其外部影响因素

1976 年，美国基因泰克公司（Genentech）成立，被认为从此开启了全球生物技术医药行业的发展①。美国的生物技术医药企业与行业发展历程近 50 年，提供了大量的研究对象和充分的研究周期，美国的 Pharma 在这场创新变革中也扮演了重要的角色，提供了丰富的 Biotech 与 Pharma 的合作实例。

一、美国生物技术医药行业的企业技术创新

生物技术医药行业在美国的发展经历过幼稚、成长、成熟、周期性衰退、复苏阶段，目前处于新一轮的快速发展阶段。在这个发展历程中，Biotech 始终是美国医药研发的主要推动力量，创造了很多明星产品，如罗氏集团的肿瘤药物"三驾马车"都来自基因泰克公司，百时美施贵宝的 O 药、默沙东的 K 药也源自小型 Biotech②。有统计数据显示，近年来 Biotech 贡献了半数以上的 FDA 批准新药。现阶段，据不完全统计，美国纳斯达克有 3000 多家 Biotech，多数主攻前沿

---

① 对于尚未有中文名称或者并不为中文读者熟知的外国公司，本书使用该公司外文名称，其余情况使用中文名称。

② 2014 年 9 月、12 月，默沙东的 Keytruda（K 药）和百时美施贵宝的 Opdivo（O 药）分别获批上市，上市后迅速放量，年销售额近百亿美元。

靶点和技术，进行高风险的创新药物开发。总体上，美国生物技术医药行业呈现下述特点：一是企业创新能力普遍较强，企业规模普遍较小。美国很多 Biotech 的创始人是全球顶尖科学家，创办的公司有着极强的科学野心和原创能力，而且绝大多数 Biotech 倾向于"小而美"，深耕细分技术及领域。例如，Arrakis 公司致力于建立小分子 RNA 抑制剂技术平台，Codiak 公司致力于开发基于外泌体最新发现的癌症诊断产品，Dragonfly 公司致力于通过使用天然杀伤（NK）细胞显著增强免疫治疗，Exonics 公司致力于开发 SingleCut CRISPR 基因技术来修复神经肌肉疾病的致病基因突变，Semma Therapeutics 公司致力于利用干细胞技术帮助糖尿病患者恢复胰岛素自主生成能力。即便是再生元制药公司（Regeneron Pharmaceuticals）、Vertex、Moderna 等实力比较雄厚的公司依旧没有去布局更为广泛的适应症和技术领域。二是个别企业已经由 Biotech 成长为 Biopharma。基因泰克公司、安进（Amgen）等已经成长为全球领导者，在行业的地位和传统跨国药企不分上下，也有能力主导开展全球资源配置。三是享誉全球的明星企业与重磅产品不时涌现。例如，位于加利福尼亚州的吉列德（Gilead Sciences），其天价丙肝药物 Sovaldi 不仅带来源源不断的利润，同时也为生物技术医药行业注入了增长力量，业内称之为"吉列德现象"，新冠肺炎疫情更是让吉列德公司及其产品瑞德西韦成为全球媒体与民众关注的焦点。四是行业并购非常活跃，资源配置效率较高。最初的著名行业并购事件可以追溯到基因泰克公司被瑞士罗氏集团收购，此后美国的行业并购重组一直非常活跃，案例不胜枚举。近期的重大事件有，默沙东宣布以 4.25 亿美元收购昂科免疫以补充应对新冠肺炎疫情的药物与疫苗管线；礼来宣布以 11 亿美元收购 Dermira 以扩大免疫学管线；吉利德宣布以 49 亿美元收购 Forty Seven，200 多亿美元收购 Immunomedics 以扩充肿瘤产品管线。五是开放式创新程度高，形成了全球创新网络。美国本土的生物技术医药行业与全球跨国公司合作非常密切，美国的 Biotech 不仅与美国的制药巨头进行创新合作，而且还与来自欧洲的制药巨头广泛开展创新合作；美国本土的 Biotech 之间，本土的 Biotech 与他国的 Biotech 之间都在广泛开展创新合作①。

---

① 美国 Biotech 与科研机构合作也非常紧密，但不是本书的研究关注点，故此处予以略去。

二、企业技术创新与成长路径
——以两家美国企业为例

（一）企业技术创新与成长

美国很多 Biotech 的发展都颇为曲折，甚至充满了传奇色彩。以 Impact Biomedicines 公司的技术创新与成长路径为例。该公司是为了 JAK2 选择性抑制剂 Fedratinib 药物研发而专门设立的。John Hood 博士发明了 Fedratinib，开发权归 TargeGen 公司所有，Hood 博士任 TargeGen 首席科学官。2010 年，赛诺菲以 5.6 亿美元收购 TargeGen。后来，Fedratinib 临床试验由于出现了罕见的韦尼克脑病并发症而被 FDA 叫停，赛诺菲随即放弃继续开发 Fedratinib。Hood 博士在 TargeGen 被收购前已离开另行创业，听闻此事后，便新设 Impact Biomedicines 公司，以很低的代价从赛诺菲取回 Fedratinib 的开发权。公司详细检查并深入分析了患者出现韦尼克脑病的数据，发现这种副作用可能与患者缺乏维生素 B_1 有关。之前的研究人员并没有检查患者的营养情况，因此后续临床中有望避免此类副作用的发生。鉴于骨髓纤维化迫切的临床需求，FDA 在 2017 年撤销了此前的临床暂停指令，Fedratinib 重现上市曙光。2018 年，新基医药（Celgene）宣布收购 Impact Biomedicines，Impact Biomedicines 的成长暂告一段落。再以渤健（Biogen）公司的技术创新与成长路径为例。渤健也是 20 世纪 70 年代在美国伴随生命科学浪潮诞生的公司，创始人团队由来自世界一流大学的多位著名生物学家构成，成立伊始便凭借强大的技术研究能力融到了数千万美元的资金。20 世纪 80 年代初，渤健开始在全球布局研发网络，但融钱的速度比不过烧钱的速度，1984 年，公司已严重亏损，到达破产边缘。渤健选择授权产品，出让专利，但不断下滑的技术转让费及适逢 20 世纪 80 年代中期美国 Biotech 股市表现低迷，使渤健出现财务危机。经过撤换 CEO、重整经营策略、专利回收与二次授权等一系列操作后，才逐渐具备了债务偿还能力。此时，持续烧钱多年的研发项目也取得突破，1989

年，渤健的营收达到 2850 万美元，首次扭转盈亏，实现盈利 321 万美元。随着授权产品不断上市，公司获得的授权费也不断增加，1991 年，渤健对外授权的乙肝疫苗、乙肝诊断试剂、α 干扰素和 γ 干扰素的总销售额达 6 亿美元，授权产品的畅销使渤健的营收首次超过 6000 万美元。渤健再次成为股市的宠儿，有了资金其可以快速扩充研发管线。可公司虽然研发投入一直很高，成功率却极低，而且状况频出，比伐芦定 III 期临床的失败使渤健步入寒冬，与德国先灵公司的 β 干扰素专利纠纷更是雪上加霜，公司再次出现亏损，股价持续下跌，一度面临产品线枯竭。渤健公司后与艾迪制药公司合并，着手几个前景较好的研发后期项目，但出乎意料的是，新产品研发进程节节失利，合并后的公司也陷入困境。2005~2007 年，渤健与多家公司达成研发合作，并试图低价收购几家具有协同效应的公司。虽然与 Neurimmune 大手笔的合作未见成效，但低价收购的 Fumedica 公司和 Syntonix 公司却成为销售额的主要贡献者。2018 年，渤健总营收达 135 亿美元，净利润近 45 亿美元，成长为全球头部企业。

（二）由美国企业案例得到的启示

从上面的行业及案例分析可以看出，如若粗略地描述美国 Biotech 的成长路径，可以归纳为一个典型成长路径：发起设立→组建高水平的专业化团队→引入风险投资→新药研发阶段性进展→与大企业合作→被收（并）购或资本市场上市。但必须指出的是，实际的发展历程动态性、随机性、偶发性较强，很难用这样抽象的线性的成长路径加以概括描述。例如，在 Impact Biomedicines 成长历程中，研发进展是螺旋上升的，与大企业的关系是分分合合的，一直是属于"高风险偏好、非扩张型"的专注于单个项目的公司。在渤健成长历程中，对外授权药物取得了不错的成绩，自主创新药研发几乎是"一无所获"，通过行业资源整合，在数次生存危机中总能够化险为夷，保持了 10% 以上的复合年均增长率，大体上由"高风险偏好、非扩张型"向"高风险偏好、扩张型"发展。即便美国成功的 Biotech 成长路径很难进行统一描绘，但仍有共同的作用因素可循，如明星科学家发起、与大企业基于互利共赢的合作等。

三、外部因素对企业技术创新的作用机制

美国 Biotech 繁荣发展缘于多种因素共同作用，相较于企业个案的成长路径，成长机制更能解释这一现象。这里分为两个层面分析，第一个层面从行业本身的发展规律出发，第二个层面结合美国的实际情况。

第一个层面：行业发展规律——创新源泉从大企业转移到小企业。

Galambos 和 Sturchio（1998）从大企业变革管理的视角，认为过去 30 年分子遗传学、基因重组技术带来的变革主要体现在：一是创新主体的改变，产业化研究主要向小的初创企业集中，而非垂直一体化的大企业；二是规模、范围经济性及交易成本的重要性让位于专业化；三是在合作中，小企业聚焦于初始创新，大企业聚焦于临床、监管、工艺、生产和分销。从几十年的历史发展趋势来看，最初来自小药企研发管线的新药占比越来越高，整个行业的创新源泉已经由大企业转移到小企业。这种行业变革更深层次的驱动力来自四个方面。

一是重大科学发现带来创业机会。20 世纪 70 年代初期，两名科学家发现了基因重组过程。当时很多科学家认识到基因重组技术的巨大商用潜力，于是从大学出来成立了多个生物科技公司，其中包括后来久负盛名的基因泰克、安进和渤健等公司。二是小企业适配生物药研发特点。生物技术新药研发进展并非螺旋上升式，具有发散性与随机性，无法在原有品种基础上进行升级和进步，龙头企业和小药企某种意义上处于同一起跑线。这种创新内生特点意味着，很难规避由创新药迭代速度和研发管线部分失败带来的风险，大药企无法依靠规模效应或研发经验在生物医药领域拥有持续竞争优势。三是大企业发展面临困境。依靠化学药起家的跨国制药巨头的发展模式进入瓶颈期，出现营收增速长期放缓、研发投入回报率持续走低、未来中长期增长乏力的局面，这背后的原因在于其面临专利悬崖巨额损失、热门靶点研发竞争激烈、组织形式不适配生物药创新规律等。这些年来，跨国药企试图通过积极并购研发型小企业，来引入好的技术和品种，改变创新与发展模式。四是大企业与小企业可以

合作共赢。根本原因是，彼此不构成产品竞争关系，大企业面临原有的专利到期的问题，产品管线主要是"Me Too"药物和原来药物的升级版本，而生物技术企业的产品管线更多是创新药，开展高风险、基因治疗、基因组学、基于结构的药物设计；彼此优势与需求互补，大企业面临越来越高的研发费用和研发失败率，但具有商业优势，而小企业善于抓住生物技术进步的机会，却无法承担药物研发的长周期（Motohashi，2012）。

第二个层面：美国独特的发展环境与体制机制厚植了 Biotech 繁荣发展的土壤。

除生物技术浪潮发端于美国的科技因素外，发展环境因素主要包括华尔街风险投资的深入管理（Galambos and Sturchio，1998），美国投资机构注重帮扶被投资企业的发展，有一些投资人甚至直接参与创立企业，如基因泰克公司是由风险投资家 Robert A. Swanson 和生物化学家 Herbert Boyer 创立的，安进公司也是由一群科学家和风险投资家创建的，艾迪制药公司首位 CEO William H. Rastetter 既是科学家，也是风险投资家；其他重要因素为职业经理人文化与队伍发挥的作用，如渤健在危机之际，聘用了一位年轻有为且富有商业洞见的职业经理人 James L. Vincent 任总裁，Vincent 之前已先后担任过雅培首席运营官和联合健康集团总裁，上任后进行了大刀阔斧的重组和改革，帮助渤健渡过了难关。体制机制因素主要包括融资环境的改善、研究机构经费使用的限制、监管效率的提升等，值得一提的是监管与医保的因素，美国通过设计实施三大法案①等一整套制度，从审批速度、专利保护及价格制约等方面激励创新，对企业创新积极性起到很好的保护作用，彻底激发了整个医药产业的创新活力，美国支付系统转向以效果为导向的保险体系，生物药与化学药相比有着更明确的靶点和机理，因此生物新药能很快得到医保系统的认可。

---

① 美国在 20 世纪八九十年代陆续通过《拜杜法案》（1980 年）、《药品价格竞争与专利期补偿法》（俗称 Hatch-Waxman 法案，1984 年）、《处方药使用者付费法案》（俗称 PDUFA 法案，1992 年），成为业内鼓励创新的政策法规范本，被称为"三大法案"。

四、企业技术创新与成长风险来源

美国 Biotech 的创新活动非常具有原创性与冒险性，因此充满内生的创新风险；除此之外，美国 Biotech 面临的较大风险主要来自以下方面：

第一，技术创新与成长的矛盾。生物技术新药从研发到成功上市要处理诸多复杂事项，较为单一的知识结构无法面对企业未来成长的挑战。Khilji 等（2006）在访谈中发现，美国一些 Biotech 的企业家无法真正意识到发明和创新的区别，没有为领导产品生命周期中的组织转型做好准备，更追求技术推动的创新，缺乏对整合创新的理解，缺乏将产品推向市场的商业化知识，导致了上市延迟及生产率下降。

第二，大企业能力内部化（Internalized）。Galambos 和 Sturchio（1998）曾指出，大型药企虽然比小公司对科技潮流反应慢，但多年以来，也在逐渐将生物药研制能力内部化，实现了转型，并主导研发出一些具有影响力的创新产品。例如，罗氏集团和多家生物制药企业开展合作，在乳腺癌和阿尔茨海默病药物研发方面取得了重大进展。大企业在资金、注册、渠道等方面的优势非小企业所能比拟，如若将能力实现内部化，在与 Biotech 本就不对称但相互依赖的博弈关系中，将更加掌握合作主导权。

第三，估值继续攀升，压力加大。目前，美国 Biotech 的估值到了前所未有的高度，延续上述 Impact Biomedicines 的案例，根据协议，新基制药将支付 Impact Biomedicines 11 亿美元预付款，以及基于骨髓纤维化适应症和其他适应症注册进展的 14 亿美元里程金，如果 Fedratinib 上市后年销售额超过 10 亿美元，新基制药将向 Impact Biomedicines 支付基于销售额的里程金，如果年销售额超过 50 亿美元，新基制药累计需向 Impact Biomedicines 支付最高 45 亿美元的里程金；后新基制药被美国制药巨头百时美施贵宝并购，作价高达 740 亿美元。此外，跨国企业全球寻求 Biotech 优质资源，美国 Biotech 面临欧洲与亚洲公司的竞争，这也会影响美国 Biotech 的议价能力。欧洲 Biotech 研发实力不逊于美国。例如，英国由伦敦大学学院孵化的 Autolus 公司，专注于开发新一代 T 细胞疗法，由伦敦国王学院孵化的 GammaDelta 公司，关注基于新型 T 细胞的细胞疗法；德国的 BioN-Tech 公司，专注于开发个体化疗法治疗癌症和其他疾病，基因泰克公司是其合作伙伴之一，辉瑞、赛诺菲都对其进行了投资。

此外，美国 Biotech 还与其他行业科技型中小企业面临共同的风险，包括创新未必能转化为市场支付意愿，在合作中的知识产权保护、目标冲突，融资难等问题。

第十一章　中国生物药企业技术创新及其外部影响因素

一、中国生物技术医药行业的企业技术创新

我国医药产业总体情况是供需不均衡。我国目前有 4000 余家制药企业，缺乏具有全球竞争力的大企业和核心竞争力的科技型中小企业，更没有形成美国那种大中小企业融通创新的产业格局。与发达国家相比，我国医药产业创新投入不足、水平不高。2017 年，全球医药研发支出 1625 亿美元，而我国规模以上药企的研发支出仅为 607 亿元。同年，我国 A 股 195 家医药上市公司整体研发投入占营业收入的 4.2%，总研发投入为 244.14 亿元，美国辉瑞公司研发投入占营业收入的 14.6%，达到 520.68 亿元，是这 195 家公司研发投入的两倍多。我国医药市场增长势头迅猛，规模仅次于美国，居世界第二①，但高端产品多数依靠进口，本土产品低端同质化竞争严重。全球生物技术药已超过 100 多个，但我国几乎没有能够得到国际社会认可的真正意义上的创新药，大量已经上市的化学仿制药尚不能做到与原研药质量一致，中成药质量标准体系亟待完善，缺乏一些针对重大疾病治疗的药物、罕见病药物、儿童用药、应对突发公共卫生事件特需药

---

① 资料来源于《麦肯锡：中国医药行业全球竞争力将得到有力提升》。

物，无法满足人民群众对生命健康保障的迫切需求。

近 10 年来，我国涌现了一批生物技术医药企业，创始人较多为海归甚至外籍华人，创新能力及研发投入强度远远超过我国传统医药企业，总体上呈现蓬勃发展之势。其中，百济神州、信达生物、复宏汉霖、君实生物等企业，基本符合本书前文归纳的生物技术医药企业技术创新特点。我国生物技术医药行业发展阶段仍然处于幼稚期。目前看来，我国即便一些已上市 Biotech 庞大管线阵列中大部分项目仍处于临床早期，以 2020 年 11 月上市的德琪医药为例，其产品管线有 12 款创新药在研，其中仅 2 款进入后期临床试验，4 款处于早期临床试验，6 款还处于临床前研究，而且这些项目大部分属于许可引进①。从我国大多数 Biotech 对外披露的愿景看，都是希望往 Biopharma 的方向发展，布局肿瘤、代谢、免疫、抗体、小分子抑制剂等多个领域，成为研、产、销全产业链垂直一体化的综合性药企。在各路资本竞相追捧生物技术的特殊时代背景下，辨别哪些企业只是勾勒愿景以做大估值，哪些企业具有科学精神，真正行 Biotech 之实，需要一个大浪淘沙的过程。

二、企业技术创新与成长路径
——以中国百济神州等为例

下面通过选取典型企业百济神州进行深入的案例分析②，试图揭示出我国 Biotech 十多年来的成长路径，乃至我国生物技术医药行业的一些发展逻辑。百济神州是一家生物医药公司，专注于癌症治疗的创新型分子靶向和肿瘤免疫药物的开发和商业化，创建于 2010 年北京，2016 年在美国纳斯达克上市，2018 年在中国香港联交所上市，截至 2019 年 3 月，已在中国、美国、澳大利亚和瑞士设

---

①　许可引进是一种产品引入方式，"产品引进方"通过向"产品授权方"支付一定的首付款，并约定一定金额的里程碑费用（按品种开发进展）及未来的销售提成，来获得产品在某些国家（地区）的研发、生产和销售的商业化权利。
②　百济神州案例涉及数据及事件的资料来源于百济神州官网及公开资料整理。

立办公地点，全球员工已经超过 2200 人，临床专家超过 800 人。

2010 年，百济神州作为一家研发型公司在北京中关村成立，并建立了小分子研究中心。当时，我国在新药研发方面的理论与实践都十分匮乏，很少人能预见到这家本土小公司在短短 10 年内的快速成长：实现两款自研创新药成功上市，打破了中国原创新药出海的"零"纪录；在纳斯达克和港交所上市，在研发投入上成为行业头部企业。2021 年实现营业收入约 76 亿元，同比增加 280.8%；全年研发费用约 95 亿元，同比增长 15%；拳头产品百悦泽（泽布替尼胶囊）全球销售额约 14 亿元，同比增长 423%，已在全球 45 个市场获批上市，其中我国销售额总计达约 16 亿元，同比增长 56%。这种"成长神话"可以从人才、资本、创新网络三条脉络分析。

（一）企业技术创新与成长

创新和研发能力对于百济神州这样的生物制药公司而言是保持核心竞争力的关键。多年以来，百济神州将研发作为安身立命之本，不断提升技术创新能力。研发策略主要体现在以下方面：一是加大研发投入。全球临床试验对研发投入要求非常高。2020 年 11 月，据百济神州高级副总裁、全球研究和亚太临床开发负责人汪来接受媒体采访时介绍，百济神州在临床试验数量与研发投入上，都能够拔得国内行业头筹，共有 70 多项临床试验在全球五大洲 30 多个国家和地区展开，早期管线中有近 30 款候选药物，覆盖大量热门靶点，2017 年研发投入就超过了我国医药龙头企业恒瑞医药，2020 年上半年研发投入更是高达 40 多亿元，远超国内其他药企。二是全球配置资源。与我国传统药企不同，百济神州通过全球配置创新资源，组织实施创新活动，提升企业创新的效率与效果。除了上述与国外 Pharma、Biotech、Biopharma 广泛开展灵活多样的创新合作外，百济神州的发展方式为全球研发路线，在美国、澳大利亚、新西兰等多个国家和地区开展国际多中心临床试验（MRCT）。在国内拥有北京昌平、上海浦东两个全球研发中心，苏州、广州设有生产基地，与勃林格殷格翰、康泰伦特还分别开展合作生产。三是打造拳头产品。百济神州主要专注于满足肿瘤领域的临床需求，覆盖肿瘤微环境中的大量靶点，既不断挖掘革命性疗法与新靶点，也不断拓展新适应症，并探索多种免疫疗法联用。目前从研发管线中已经"跑"出来两大神药，不仅技术创新含量高，还有可观的销售收入。BRUKINSA™（泽布替尼）是中国首个获得 FDA 批准的自主研发抗癌新药，也是中国首个获得 FDA 突破性疗法认定而"优先审评"的新药，这款药的成功是中国新药研发史上的里程碑事件。替雷利珠单抗是公司自研的一类新药，是目前拥有全球临床试验数量最多的国产PD-1 单抗①。在风险偏好上，据汪来介绍，百济神州从 Fast-Follow 试图走向First-in-Class，能够启动一些尚未经过临床概念验证（POC）的靶点项目，以期大幅增强未来产品的全球竞争力。与 2013 年王晓东在被采访中评价百济神州新药开发能力时称"做全球一类新药目前还是有困难，其风险和需求的深度科学内涵是达不到的"对比，可以看出百济神州在由"中高风险偏好、扩张型"向"高风险偏好、扩张型"转变。

（二）企业技术创新的外部环境

1. 人才：创始人团队起点高

公司的共同创始人王晓东，很早之前就是生物医药界的风云人物。2004 年，年仅 41 岁的王晓东凭借在细胞凋亡领域的突出成就当选美国国家科学院院士。在我国大力招引海外高层次人才之际回国，任北京生命科学研究所所长。2013 年，王晓东又被中国科学院聘为外籍院士。王晓东除了是明星科学家外，还具有创业经验，也非常清楚我国本土科研与产业的鸿沟。在一次访谈中，他说："建立百济神州有点偶然，虽然我在美国也创立过生物技术公司，在遇到 CEO 欧雷强之前并没有此想法，欧先生说服了我在中国目前做生物科技公司尤其是研发新一代抗癌药是一个机遇""北京生命科学研究所以研究生命过程机理为目标，其中和人类疾病有关部分是可以有机会开发出一类新药的，但生命所的科学家不懂做药，我们的评价体系中也没有药物开发"（王晓东，2013）。另一位共同创始人与王晓东优势互补，是在商场上身经百战的企业家欧雷强，出任公司董事长、CEO。欧雷强在百济神州成立不久，就促成了多笔跨国交易。例如，2013 年 5月，与德国的默克雪兰诺公司签订了合作许可协议，半年后，与默克雪兰诺签订

---

① 替雷利珠单抗最早是在海外开展临床试验，目前共有 15 项注册临床试验在全球展开，全球入组7700 多例患者。

了第二个合作许可协议，这两笔交易帮助百济神州度过了初创期的艰辛，进入了良性发展轨道①。

2. 资本：科技金融助力发展

百济神州是一家非常擅长利用资本，与资本共舞的公司。2014 年，其完成 7500 万美元的 A 轮融资；2016 年，在纳斯达克上市；2017 年，在香港联交所双重主要上市。自成立起，百济神州亏损连年递增，2019 年，亏损高达 9.49 亿美元。与此同时，公司股价却节节攀升，市值早已突破 2000 亿元大关。除了核心产品对市值的支撑作用外，来自投资机构的持续增持也推升了股价。高瓴集团对百济神州十分青睐，自 2014 年 A 轮起，参与和支持了百济神州 8 轮融资（领投 A 轮、B 轮融资），是百济神州在中国的唯一全程投资人；2020 年 7 月，其再次对百济神州注资 10 亿美元，持股增至约 12.7%。高瓴集团创始人兼首席执行官张磊还帮助协调原辉瑞中国 CEO 吴晓滨出任百济神州中国区 CEO，张磊在公开场合表示，非常骄傲这令王晓东可以继续干科学家的事。默沙东等其他投资方也关注百济神州的成长。百济神州发展初期，曾面临临床前在研产品出让许可难与估值不理想融资难的双重困境，资金严重短缺，经过反复沟通后，默沙东决定给予百济神州过桥贷款支持，后续又同意贷款推迟返还，帮助百济神州渡过了"死亡之谷"，也避免了默沙东前期 2 千万美元投资打水漂②。

3. 创新网络：与大企业合作共赢

Biotech 发展初期与大企业的合作，不仅能够带来资金收益，还能够增加知名度、可信度等无形资产，进而能够更好地开展其他各项融资。国际化是百济神州成立之初便树立的发展战略，公司与多家跨国大药企及生物科技企业陆续建立了深度合作关系，全球开展研发与业务活动。2013 年，与默克雪兰诺开始 Lifirafenib 和 Pamiparib 的合作，因出售海外权益获得了 6.65 亿美元，证明了公司已具有很强的新药开发能力，该事件让百济神州声名大噪。2017 年，百济神州与新基制药开始替雷利珠单抗的全球战略合作，因出售替雷利珠单抗部分海外权

---

① 资料来源：根据张志民博士的公开讲话整理。张志民博士曾代表默克在百济神州的董事会里负责与百济神州的沟通和联盟管理，见证了百济神州的商务拓展、融资与成长。他与哈佛商学院 Willy Shih 教授共同撰写了哈佛商学院的"百济神州"教学案例。

② 根据张志民博士的公开讲话整理。

益获得 2.63 亿美元的预付款、1.5 亿美元的股权投资及新基制药商业化产品（维达莎®、瑞复美® 和 ABRAXANE™）在中国的权益①。2018 年，百济神州与 Mirati Therapeutics 签署协议获得 Sitravatinib 在亚洲（日本除外）、澳大利亚和新西兰的开发权。2019 年，百济神州与安进公司进行全球战略合作，得到安进公司 3 款肿瘤药物在中国的部分权益；同时，合作开发 20 款安进公司在研的抗肿瘤药物并由百济神州负责在中国的开发与商业化。2021 年初，百济神州宣布与全球制药巨头诺华就 PD-1 抗体药替雷利珠单抗在多国开发、生产与商业化达成合作，总交易金额超过 22 亿美元。这是国内单品种药物授权最大的合作项目，是国内药物出售海外权益获得的最大交易金额。根据协议，双方将对替雷利珠单抗进行共同开发，其中诺华将在过渡期后负责注册申请，并在获批后开展商业化活动。百济神州有资格获得替雷利珠单抗在授权地区未来销售的特许使用费。

（三）由中国企业案例得到的启示

百济神州的发展不是一帆风顺的，中间出现了大大小小的插曲，如与新基制药的合作因新基制药被收购而终止等，但总体上符合"发起设立→组建高水平的专业化团队→引入风险投资→新药研发阶段性进展→与大企业合作→港股生物板或者 A 股科创板等资本市场上市②"的发展路径。我国其他 Biotech 的成长历程与百济神州较为类似，这一定程度上也缘于我国行业内并购重组少，提供了较为稳定的外部环境，企业可以沿着既定战略发展，而且我国其他 Biotech 在人才、资本、创新网络上也与百济神州具有同样特征。例如，创始人团队起点高方面，复宏汉霖联合创始人刘世高和姜伟东都是海外科研界的翘楚，和铂医药创始人兼 CEO 王劲松此前曾是赛诺菲中国研发中心总裁，信达生物创始人俞德超是科学家、教授、博士生导师，还拥有美国生物制药公司多年工作经历，回国后领导开发了我国首个具有全球知识产权的单克隆抗体康柏西普。科技金融助力发展方面，信达生物在新药开发过程中多次利用风险投资基金进行融资（赵丹等，

---

① 新基制药后要被百时美贵宝收购，而百时美施贵宝拥有与替雷利珠单抗呈竞争关系的"O 药"，因此百济神州与新基制药在其被收购前终止合作，并得到 1.5 亿美元的违约金。

② 在实际发展过程中，引入风险投资、新药研发阶段性进展、与大企业合作三者是两两相互穿插进行的。

2018）；2015~2018 年，天境生物密集引入一系列投资者，通过融资来推进公司核心产品管线的临床前和临床研究。与大企业合作共赢方面，基石药业与辉瑞就 PD-L1 抗体舒格利单抗等开展合作，信达生物与礼来就达伯舒（信迪利单抗）开展合作，华领医药与拜耳、天境生物与艾伯维、君实生物与礼来、传奇生物与强生纷纷开展互利共赢合作。研发实力方面，信达生物、君实生物、复宏汉霖等我国 Biotech 普遍比我国传统药企有着更高的创新意愿、研发投入强度和科研水平，如天境生物的产品管线定位于"具有全球首创和同类最优的潜力"。

三、外部因素对企业技术创新的作用机制

（一）宏观层面

全球生命科学浪潮再次来袭。过去十几年科学家在组学上的努力，从而使得免疫治疗及基因治疗成为现实。尤其是免疫疗法在肿瘤治疗领域取得了显著进展。2017 年，两款 CAR-T 细胞疗法获批；2018 年，CTLA-4 和 PD-1 发现者荣获诺贝尔生理学或医学奖，这些生物技术的突破性成果也反映了行业技术趋势。肿瘤免疫治疗[①]有望攻克癌症治疗的难关，延缓癌症患者的生命，也在一定程度上改变了肿瘤药物的研发策略，吸引了资本市场的极大关注。历史上看，美国市场新药的上市表现平均大概是我国的 30 倍，日本市场是我国的 6 倍。过去几年，得益于我国创新生态的整体改善，这个差距分别缩小至 5 倍和 2 倍。随着我国医药创新的回报机制在慢慢形成，资本对医药创新的追逐热度持续高涨。科创板的设立、港股对 Biotech 的开放为我国医药创新开辟了新的融资通道，这些新兴的资本市场进一步刺激了生物科技领域的投资行为。医药产业作为重要的战略性新

---

① 肿瘤药物研发策略最初集中于化疗药物，但化疗毒副作用强、疗效不如意。基因测序技术被掌握之后，根据基因突变精准治疗肿瘤的靶向疗法开始兴起。肿瘤免疫疗法不再直接针对肿瘤细胞，而是治疗人体免疫系统，为肿瘤治疗又打开了一扇门。其作用机理是通过重新启动并维持肿瘤—免疫循环，增强抗肿瘤免疫反应或使肿瘤微环境中异常免疫反应正常化，进而抑制消除肿瘤。肿瘤微环境里有多种免疫细胞，针对不同的免疫细胞可以设计不同的靶点。

兴产业，已成为世界主要国家积极争夺的战略制高点。过去几年，我国政府持续加大对创新（含医药创新）的资金支持力度，大力引进科技人才和科技项目，政策红利驱动我国生物技术医药行业跨越式发展。

（二）行业层面

行业准入监管稳步向国际接轨带来创新环境显著改善。准入监管是医药产业最主要的进入壁垒。过去很多年来，我国在药品审评审批制度设计上存在短板，新药上市时间比欧美平均晚 5~7 年。过长的审评审批周期导致新药在我国上市后剩余专利期太短，严重挫伤了医药企业的研发创新积极性。自 2015 年以来，我国药品审评审批改革速度加快、力度加大，在知识产权、专利期补偿、数据保护等诸多方面，与美国"三大法案"等国际主流做法接轨，深藏在医药行业的顽疾逐渐被消除。一些专家认为在医药审评审批上，"近两年的改革，可以说比过去几十年改革的总和还要多"[1]，2008~2018 年，我国共批准 38 个 1 类创新药，其中仅 2018 年就批准了 9 个，占近 1/4，这一年我国还批准了全球首次上市的罗沙司他，成为我国新药审评审批能力提升的重要标志。近两年，我国药政向国际主流市场提速接轨，仿制药一致性评价等监管力度不断加大，药品上市许可持有人（MAH）等审评审批重大改革加快了新药上市进程。随之我国医药创新环境显著改善，企业的产品研发管线变得更多更丰富，申报的新药和首仿药不断增多。恒瑞医药、中国生物制药、石药集团等龙头企业的研发投入占主营业务收入的比例已经高于 10%，我国医药产业创新氛围日益浓厚；2019 年，我国 10 个国产 1 类新药、3 个国产生物类似药获批上市，实现相关领域零的突破；无论是从上市前研发产品数量占全球比例衡量，还是从上市后新药数占全球比例衡量，我国对全球医药研发的贡献度不断上升。

---

① 引自中国医药创新促进会执行会长宋瑞霖在第二届"中国医药创新与投资大会"（2017 年）上的公开演讲。

四、企业技术创新与成长风险来源

第一，我国 Biotech 与美国 Biotech 面临一些共性风险，如技术创新与成长的矛盾、大企业能力内部化等。但对于我国 Biotech 来说，面临的最大风险来自中美科技摩擦带来的巨大不确定性。近几年来，中美经贸摩擦不断升级，矛头转向科技领域。虽然目前中美科技脱钩主要发生在互联网、人工智能、新一代信息技术等信息产业领域，但医药产业作为此前中美创新要素高度自由流动的领域，随时都有被脱钩的可能性，而且已经出现一些"擦枪走火"的迹象，这给我国医药产业发展带来隐患。

第二，被并购后限制发展。在跨国企业并购史上，曾出现过跨国企业收购潜在竞争技术或产品后予以搁置的情况①，以及类似前文中 Fedratinib 被扼杀发展机会的情况，这并不符合创始人培育发展企业、产品的初衷，也不符合我国鼓励医药产业发展的战略方向。这次百济神州牵手诺华也引发了担心的声音，因为诺华在研管线中有 PD-1 抗体药物 Spartalizumab，可能会与替雷利珠单抗（百泽安）形成竞争关系。对此，诺华方面公开对外解释，对 Spartalizumab 的后期开发计划侧重于有限数量适应症的联合治疗方案，百泽安开发计划聚焦于作为单药治疗或与标准治疗化疗联合治疗的更广泛适应症集，这些不同的策略使得两家公司在互补适应症和不同组合中开发 Spartalizumab 和百泽安没有任何直接重叠②。但后续合作实际情况还暂难定论。

第三，供给侧结构性过剩。目前，我国大部分 Biotech 的产品管线非常类似，高度同质化，全国百余个 PD-1 在研项目、几十个 CAR-T 在研项目。如若将来一些企业研发进展顺利、愿景得以实现，我国针对热门靶点的供给则很有可能过剩，这并不利于行业的健康可持续发展。

---

① 据业内专家分析，康辉医疗、创生控股等我国具备核心竞争力的医疗器械小企业当初被美国大企业美敦力、史赛克分别吞并，主要是因为跨国企业要消除竞争对手、获得对方渠道以稳定及扩大市场份额。

② 资料来源：根据财经网、经济观察网等公开报道整理。

第十二章 中美两国案例比较及评价

一、企业技术创新与成长路径比较

通过对美国 Impact Biomedicines 公司、渤健及对中国百济神州的案例分析，可以看出，中美 Biotech 在创新特点、组织形式、融资需求方面基本一致；创新网络上都有与大企业基于互利共赢的合作、与 Biotech 和 Biopharma 的广泛合作；资本支撑上都离不开风险投资的深度介入；人才支撑上都由明星科学家发起（我国部分为外籍华人科学家），以及由高水平的专业化团队开展国际化运营。不同的是，从企业类型上，美国企业多为科学野心极大、"小而美"的"高风险偏好、非扩张型"，个别在成长为 Biopharma 的过程中，也注重研发管线的横向扩张，而非产业链条上的纵向扩张；中国企业多为跟随创新、"以成为 Biopharma 为愿景"的"中高风险偏好、扩张型"，个别优质企业如百济神州正在尝试承担更高的创新风险。从成长路径上看，美国企业很难说是线性成长；而中国企业的成长路径更偏线性、更易刻画。从创新网络上看，美国 Biotech 是与本国或欧洲大企业合作，与本国高校、科研院所联系紧密，实现了"本土化"；中国 Biotech 与欧美大企业合作，与本国高校、科研院所联系不紧密，远未实现"本土化"。从资本支撑上看，美国 Biotech 与投资人关系非常紧密（上文提及，基因泰克、安进公司都是由风险投资家参与创立的，艾迪制药等公司的创始人本身既是科学家，也是风险投资家）；中国 Biotech 与投资人关系紧密程度尚不及此。从人才支撑上看，美国 Biotech 创始人及高管团队主要由本土人才构成，而中国 Biotech 创始人及高管团队由海内外人才构成。

从两国企业竞争力比较来说，中国大多数 Biotech 遵循着已经验证过的机制，开发的药物仍属于"Me Too"或"Me Better"，很少能在创新药领域与美国 Biopharma 或新锐 Biotech 竞争，总体上创新实力不如美国。导致竞争力差异的根本原因在于美国的人才优势，美国企业一是拥有全球顶尖科学家，如渤健公司就是由顶级科学家创办，两位创始人由于对基因技术的重要贡献，后续相继获得诺贝尔奖；二是拥有高级复合型人才，有些科学家本人是风险投资家，有些科学家本人是企业家，以美国 Arrakis Therapeutics 公司 CEO Michael Gilman 为例，Arrakis Therapeutics 公司是他创立的第三家企业，之前创立的两家企业均已被收购，他也是科学家，负责 Arrakis Therapeutics 公司药物开发；三是拥有全球领先的职业经理人文化与队伍，上文提到过职业经理人 Vincent 力挽狂澜，帮助渤健走出危机；四是频繁的人才合作与交流促成了技术社群，如对于 Biotech 和大学形成的技术社群（Technological Community），Powell（1996）进行了细节描述，大学的教授在 Biotech 里进行学术休假（Sabbatical），博士后和高级科学家来回往返于大学和 Biotech 之间。基因泰克和 Chiron 公司的"Biotech 科学家"位于分子生物学和遗传学领域被引用最多的（Most-Cited）研究人员之列。

二、企业技术创新的外部环境比较

美国生物技术医药行业的发展已经经历过较为完整的周期，而中国生物技术医药行业的发展尚处于幼稚期。通过对美国、中国的 Biotech 成长机制分析，可以看出美国的主要驱动力来自行业技术变革，Biotech 伴随基因组学、新药开发中的基因功能阐明等生物技术突破而创立，并且适配了行业创新源泉由大企业转移到小企业的发展规律；中国的主要驱动力来自政府的政策红利，包括创新政策、产业政策、准入政策、人才政策等，其他相同的次要驱动力还包括资本驱动（其中，中国主要体现在新兴资本市场的助力）。当然，美国 Biotech 的发展也离不开政策驱动，中国 Biotech 的发展也离不开技术驱动（主要为肿瘤免疫治疗的兴起）。美国独有的驱动力主要体现在风险投资的深入管理——有一些投资人甚至直接参与创立企业，以及职业经理人文化与队伍发挥的作用。产业结构上，美国 20 世纪 70 年代成立的基因泰克、安进公司，现已成为全球行业领导者，还有几千家"小而美"的 Biotech，呈现比较健康的产业结构，而且行业并购重组活跃、动态性强，从而资源整合效率较高；中国尚未出现全球或全国范围内的行业领导者，呈现"小而散"的局面，本土尚无值得称道的并购重组事件。

三、企业技术创新与成长风险来源的比较

生物技术医药创新的"三高两长"内部规律及 Biotech 的创新特点决定着，中美两国 Biotech 都面临着类似的内生的创新风险，只是风险偏好不同的企业面临着不同程度的内生创新风险程度而已，以及技术创新与成长的矛盾，只是类型不同的企业面临着不同程度的风险而已；而中小型科创型的企业组织形式决定着，中美两国 Biotech 都面临着其他行业科技型中小企业的共性风险；生物技术医药行业创新网络决定着，中美两国 Biotech 都面临着大企业能力内部化的风险。美国生物技术医药行业发展到目前阶段，估值到了前所未有的高度，出现来自欧洲 Biotech 的竞争，还面临着估值继续攀升压力加大的风险，未来议价能力可能下滑。目前，中国 Biotech 最大的风险是由中美科技脱钩带来的；此外，还有被并购后限制发展、未来产能过剩的可能性。

四、企业技术创新对本国医药产业创新
能力作用的评价

结合对中美两国企业、行业、成长风险的对比（见表 12-1），下面根据中美

两国 Biotech 对本国医药产业创新能力的影响分别进行评价①。

表 12-1　中美两国生物技术医药企业技术创新与外部影响因素的对比

对比内容		美国	中国
企业技术创新与成长			
*企业类型		多为"高风险偏好、非扩张型"	多为"中高风险偏好、扩张型"
*技术创新成长路径		非线性	更偏线性
*创新网络		与本国或欧洲大企业合作 与本国高校、科研院所联系紧密 实现了"本土化"	与欧美大企业合作 与本国高校、科研院所联系不紧密 远未实现"本土化"
资本		与投资人关系非常紧密	与投资人关系紧密程度尚不及美国
*人才		创始人及高管团队主要由本土人才构成	创始人及高管团队由海内外人才构成
企业技术创新的外部影响因素			
*行业发展周期		50 年，经历了完整的周期	10 年，处于幼稚期
技术创新与成长影响机制	*主要驱动力	行业技术变革与发展规律	政府政策红利
	其他驱动力	政策驱动 资本驱动 *风险投资的深入管理——有一些投资人甚至直接参与创立企业 *职业经理人文化与队伍发挥的作用	技术驱动（主要为肿瘤免疫治疗的兴起） 资本驱动（主要为新兴资本市场的助力）
*产业结构		健康的产业结构——有全球行业领导者，还有几千家"小而美"的 Biotech 行业并购重组活跃	无全球或全国范围内的行业领导者，呈现"小而散"的局面 本土尚无可以称道的并购重组事件
技术创新与成长风险			
—		内生的创新风险 技术创新与成长的矛盾 其他科技型中小企业共性风险 大企业能力内部化 *估值攀升压力加大	内生的创新风险 技术创新与成长的矛盾 其他科技型中小企业共性风险 大企业能力内部化 *中美"科技战" *被并购后限制发展 *产能过剩

　　注：中美 Biotech 的相同点主要体现在创新特点、组织形式、融资需求方面；创新网络、资本支撑、人才支撑上也有共同点。为了节省篇幅，此表予以略去。加＊的内容为中美两国的显著不同点。

---

　　① 本书评价的是本国 Biotech 对本国医药产业创新能力的影响，而非对本国生物技术医药产业创新能力的影响。

美国 Biotech 的创新网络实现了本地化（Localized），促进形成了大中小企业融通创新的格局，因此十分有利于本国医药产业创新能力提升。在 20 多年前，美国本土就已经形成了动态演化的生物技术医药创新网络。Powell（1996）试图跟踪 Biotech 与 Pharma 的合作关系，解释其模式、结构、演化，使用了 230 个样本、8 年时间，涉及 1800 个合作伙伴，研究了正式的合同文本、产品开发档案，进行了访谈与现场观察，以交易成本、博弈论、网络学习等为理论基础，并且结合实证研究，提出合作关系不是为了提供企业未掌握的技能，而主要是为了测试和拓宽能力，即"学习竞赛"，内部能力与外部合作不是替代关系，而是互补关系——内部能力对于评估外部能力研究非常重要，外部合作也提供了内部无法提供的信息和资源。随着 Biotech 的成长，企业合作名声和合作能力都在提升，随之会有更多的外部合作。对于一家企业而言，是不是这个合作网络中的"玩家"非常重要，密集的合作网络并不是过渡步骤，而是制度安排（Institutional Arrangements），以适应一个充满不确定性、依赖高水平的科学专长、需要大量研发资金的领域。这种互惠的社群成为"虚拟一体化（Virtual Integration）"，合作是可持续战略，而不是一次性买卖，一个竞争者也可能是另外一个项目的合作者。这种能够自组织、自进化的创新网络之所以在美国可以形成，背后一个很重要的原因是美国 Pharma 不仅与 Biotech 合作研发、对其进行投资，还以收（并）购的形式构建了行业退出机制。近年来，Pharma 对 Biotech 的投资阶段进一步前移，如辉瑞公司 2020 年设立规模为 5 亿美元的投资基金"辉瑞突破性增长倡议（PBGI）"，目前已向 4 家小型生物技术公司投资 1.2 亿美元，分别为罕见遗传病治疗公司 Homology Medicines（6000 万美元）、炎症性肠病药物开发公司 Vedanta Biosciences（2500 万美元）、CD47 单抗开发公司 Trillium Therapeutics（2500 万美元）及前列腺癌治疗研究公司 ESSA（1000 万美元）[①]。

不同于美国，我国 Biotech 的创新网络是国际化的，没有实现本地化，对我国医药产业创新能力的影响需要另当别论。我国 Biotech 游离于我国现有医药创新生态之外，尚不是我国医药产业创新链产业链价值链的重要环节，在我国医药创新生态中的贡献不宜被高估，需要辩证看待与通盘考虑。有利方面：一是此轮

---

① 资料来源于第 39 届摩根大通医疗健康年会（J. P. Morgan Healthcare Conference）公开媒体报道。

全球肿瘤免疫治疗领域 Biotech 的兴起预示着医药产业新赛道的出现，为我国医药产业实现换道超车提供了新机遇。二是有利于改变我国医药产业增长的方式，提高我国医药产业增长的质量。不管什么属性的 Biotech 在我国发展，是否涉及外国创始人、外国职业经理人，还是我国本土 Biotech 与跨国企业合作，都属于柔性利用外资；即便外方不放松关键技术的输出限制，也必然会带入先进的管理方法和经验，能够直接降低国内企业的研发与生产成本、增强竞争能力，先进的管理方法和经验还可通过人员流动和模仿复制传播到国内其他企业，这两种方式都对我国医药产业整体水平提升起到促进作用①。不利方面：一是我国 Biotech 开放式创新程度高，其开展全球新药研发、注册、上市，与国外大型药企进行密切合作，融入了全球创新生态，并不是我国科研与产业化的中间桥梁，也未改善我国医药产业结构，却享受我国政策红利的优待，占据着与贡献未必匹配的资源。需要指出的是，产业技术创新能力不等于企业技术创新能力的简单平均数，是一个更系统的概念，除了企业个体的技术创新能力外，也强调技术创新在行业中的扩散。吴友军（2004）对国内外产业技术创新能力评价指标的研究分析后，提出由创新投入、创新产出及创新转化三方面构成的指标体系。以该研究为参照，Biotech 的技术创新活动对产业技术创新能力在创新投入、创新产出方面是有贡献的，但在创新转化方面的贡献是缺失的。二是医药作为医疗的衍生需求，需要从医疗视角审视医药创新的价值。前文提及，美国支付系统转向以效果为导向的保险体系，而与化学药相比，生物药有着更加明确的靶点和机理，因此一个生物新药产出，很快就能得到医药系统的认可，可谓创新与价值实现的无缝连接。这在我国目前的医保医疗体系下难以实现，生物技术重大新药将意味着高额的治疗费用，其在我国实现社会价值阻力重重，有限的价值实现将约束产业创新能力的提升潜力。三是中美科技脱钩对 Biotech 构成更大的不确定性，创始人、高层管理团队与专家顾问涉外人士，与国外企业的合作都构成风险点，中美"科技战"一旦爆发，一些 Biotech 甚至将面临生存危机，会导致我国各相关利益者对 Bio-tech 的投入有去无回，这为我国医药产业发展带来间接风险，也拉低了产业发展

---

① 需要说明的是，产业整体水平的提升依赖于创新驱动发展，而创新并不是狭义的技术创新，包括组织流程、管理、商业模式等各个方面的创新。

资源投入的期望回报，以及产业创新的整体效率。

五、理论分析框架外部影响因素验证

（一）典型案例企业技术创新及其外部影响因素

本部分一共分析了三个主要研究对象，还有若干个对比、参照研究对象，见表 12-2。

表 12-2　案例企业技术创新及其外部影响因素

研究角色		企业名称	技术创新与成长路径	外部宏观层面影响因素	外部产业层面影响因素
中国	主研究对象	百济神州	线性	准入、医保等政策 人才、资金等创新要素 创新网络	依托于国外产业环境
	对比、参照研究对象	复宏汉霖、和铂医药、信达生物、天境生物、君实生物、基石药业、华领医药、传奇生物等	—	人才、资金等创新要素 创新网络	依托于国外产业环境
美国	主研究对象	Impact Biomedicines 渤健	非线性	准入、医保等政策 人才、资金等创新要素 创新网络	兼并重组 产业格局 产业创新能力
	对比、参照研究对象	基因泰克、安进、吉列德及数家小企业	—	人才、资金等创新要素 创新网络	兼并重组 产业格局 产业创新能力

资料来源：根据研究整理。

从比较案例分析可知，无论是美国还是中国，有利于创新的审评审批、能够体现创新价值的医保偿付、包括机构投资在内的多层次资本市场、高层次人才与复合型人才是促进生物技术医药企业技术创新的重要外部因素。对于这一特定行业中的企业来说，科研院所、大学、大型药企等构成的创新网络也非常重要。产业环境中的兼并重组对于企业创新也有影响，能够帮助企业的投资者实现退出，增加了投资者的信心，也对产业内创新资源实现了优化整合，提升了产业整体的技术创新能力，进一步促进了企业技术创新能力提升。反过来，企业技术创新能力对产业技术创新能力的影响在两国的表现也是不同的。

（二）理论分析框架外部影响因素验证

通过上述分析，本书第二部分提出的理论框架基本得到验证。准入、医保与创新等政策、人才与资金等创新要素、创新网络等外部宏观层面因素，以及兼并重组、产业格局、产业创新能力等外部中观层面因素可以对中美生物技术医药企业的技术创新产生推动作用，是影响生物技术医药企业技术创新的重要外部因素。需要说明的是，宏观层面的医保偿付因素对美国生物技术医药企业技术创新能够产生较大影响，对我国医药企业技术创新的影响有待加强。在第五章图5-2的基础上，可以得出典型案例企业技术创新外部因素影响理论框架（见图12-1），图12-1与图5-2对比，虚线箭头变为实线箭头的关系表示被验证。

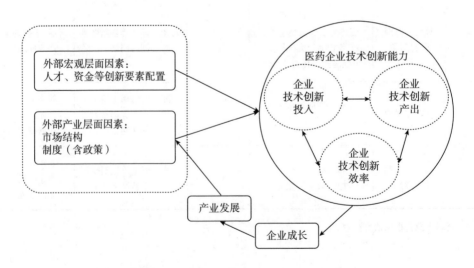

图12-1 案例企业技术创新外部因素影响

资料来源：根据研究整理。

在第五章中（见表5-1），笔者总结了企业外部两个层面中对于医药企业技术创新较重要的影响因素，通过本部分的实证研究，该表右侧更换了"关键子因素"一列，含义是当前阶段能够促进中国医药企业技术创新，尤其是生物技术医药企业技术创新的关键外部因素，使得医药企业技术创新外部因素影响理论分析框架更加全面，如表12-3所示。

表12-3　影响医药企业技术创新的外部关键因素提炼

层面		类别（理论概念）	因素（理论概念维度）	关键子因素
企业外部	宏观	要素配置	人才、资金等创新要素分配	复合型人才
			医药卫生体制改革	
			国有企业改革	
			科技体制改革	
	中观（产业）	市场	国际竞争	鼓励创新的医保
		制度	产业政策	
			专利、价格、医保	

资料来源：根据本书研究结论整理。

第五部分

激励医药企业技术创新的政策优化

在前述理论分析和产业分析、比较案例分析等研究基础上，本书第五部分从多个层面提出提高我国医药企业技术创新能力的政策优化建议。此外，对研究结论进行全面归纳总结，并简要阐述本书研究的局限性与未来展望。

第十三章　现行医药创新激励政策梳理评价

一、现行医药创新激励政策梳理及分类

相关政策主要可以分为以下两类：

第一类是直接针对技术创新的政策措施，其主要是资金资助与人才引进计划。我国从"九五"计划开始，就设置了相关专项，支持医药技术创新；"十五"时期与"十一五"时期，又通过科技主管部门"973""863"计划①重点支持了新药研发；2008年，启动实施"重大新药创制"国家科技重大专项，针对新药创新链重点环节，分类支持了多个研发机构，如中国科学院上海药物研究所、中国医学科学院药物研究所、军事医学科学院毒物药物研究所、中国人民解放军空军军医大学、四川大学等，部署百余个新药研发共性关键技术平台，多家临床前药物安全评价机构和新药临床研究机构，并支持了多个医药集聚区的发展；同期，从国外大量引进医药领域各类高层次人才（柴慧婷等，2018）。

第二类是优化技术创新环境的政策措施。近些年来，我国的医药产业政策更加注重对环境的全面优化。例如，药品审评审批流程持续改进带来创新市场环境

---

① "973"计划指国家重点基础研究发展计划，"863"计划指国家高技术研究发展计划。

的较大改善，一批临床亟须的创新药加快上市。从历史上看，我国新药上市的速度往往滞后于国外 5～10 年，但最近几年数据显示，这一差距已缩短至 5 年以下，有些药已经缩短到一年甚至数月。

二、现行医药创新激励政策进展及评价

近年来，准入、监管、医保等各个环节，仿制药、短缺药等各个领域的政策密集出台。以 2019 年为例，《中华人民共和国药品管理法》进行了施行以来的首次重大修订，理念发生质的变化；国家医保药品目录在长达 8 年未变后进行更新，预计医保药品目录及时更新将会常态化；基本医保偿付水平提升，城乡居民医保标准和偿付能力进一步提高；对于专利已到期的原研药，国家"4+7"带量采购模式扩至全国，医保盘子加速"腾笼换鸟"。需要指出的是，其中一些关键的政策措施能够有力促进企业技术创新。其中包括，新修订《中华人民共和国药品管理法》建立了临床试验默示许可、优先审评审批、临床试验机构备案、附条件批准等制度，为我国医药创新提供了法律保障；药品上市许可持有人制度的全面推行进一步激发创新活力，促进创新资源在更大范围内的合理配置；2019 年新版医保药品目录通过价格谈判方式新增 70 个药品纳入偿付范围，多为新上市且临床价值较高的药品，具体情况见表 13-1。

总体上看，我国医药创新激励政策尚处于从供给端出发的阶段，还未从需求端进行政策设计，也没有在价格调节供需均衡的经济规律下进行，更多的是局部问题导向的政策。

表 13-1　2019 年重点政策与重大措施一览

——新修订的《中华人民共和国药品管理法》出台，监管理念从以企业为中心转为以产品为中心，从准入资格管理转为动态监管，从药品研制和注册、生产、经营、上市后监管等各环节完善监管制度。全面推开药品上市许可持有人制度（MAH）和原辅料登记备案（DMF），基本形成药品全生命周期监管制度体系

续表

——《第一批鼓励仿制药品目录》公布，支持临床亟须的抗肿瘤、传染病、罕见病等治疗药物及儿童、老年、慢性病患者用药等开发，科学引导医药企业研发、注册和生产

——《关于以药品集中采购和使用为突破口　进一步深化医药卫生体制改革的若干政策措施》出台，要求推动药品生产与流通企业跨所有制、跨地区兼并重组，培育一批具有国际竞争力的大型企业集团，加快形成以大型骨干企业为主体、中小型企业为补充的格局

——《中华人民共和国疫苗管理法》开始施行，疫苗风险管控和供应保障体系重构，开启了利用系统的法律构架对疫苗进行全过程监管的严格模式

——"三医"联动改革向全链条深化。药品、高值耗材等使用监测体系更加强化，带量集采范围进一步扩大。医联体、医共体网络大力推进，分级诊疗系统更趋完善。医保体系标准化和信息化建设提速，医保基金法制化管理深入，医保支付改革注重多元化复合方式，疾病诊断相关分组（DRG）付费制在 30 个城市试点，一系列规范性政策倒逼企业加快转型升级

——《化学药品注射剂仿制药质量和疗效一致性评价技术要求（征求意见稿）》发布，仿制药质量和疗效一致性评价提速。截至 2019 年底，已上市仿制药一致性评价受理总数达到 1722 个受理号，其中注射剂一致性评价受理号为 557 个，占 32.3%。通过一致性评价（含视同通过及注射剂）的品规累计 491 个，涉及 173 个品种（按照通用名）

——2019 年《国家基本医疗保险、工伤保险和生育保险药品目录》共收录药品 2709 个，调入药品 218 个，调出药品 154 个，净增 64 个。新版药品目录结构优化，优先考虑国家基本药物、癌症及罕见病等重大疾病治疗用药、慢性病用药、儿童用药、急救抢救用药等新需求。同时，通过准入谈判，共纳入 97 个国产重大创新药品和进口新药并确定了偿付标准，新增的 70 个药品价格平均下降 60%

——2019 年居民医保人均财政补助标准新增 30 元，达到每人每年不低于 520 元，新增财政补助一半用于提高大病保险保障能力。高血压、糖尿病等门诊用药纳入医保报销，大病保险政策范围内报销比例由 50%提高至 60%

——国务院办公厅发布《关于进一步做好短缺药品保供稳价工作的意见》，明确加强市场监测、规范用药管理、完善采购机制、加大价格监管和健全多层次供应体系等措施，保障短缺药稳定供应

——工业和信息化部等联合认定了第二批小品种药（短缺药）集中生产基地建设单位 3 个，总数达到 6 个。针对重大疾病治疗、罕见病、儿童用药等短缺药，以及应对突发公共卫生事件的特需药物的保供能力进一步增强

——原料药领域反垄断执法力度加强，价格异常波动和市场供应紧张状况明显缓解

资料来源：根据公开资料整理。

第十四章　针对我国医药产业及企业层面的建议

一、对企业技术创新外部环境进行优化

由于医药企业技术创新极大的正外部性，在宏观层面上，需要政府推动建立健全能够保障医药企业创新的法律、制度、经济等公共政策，帮助医药企业维护创新获益，引导创新成果有序扩散；为医药企业提供税收优惠和补贴，补偿医药企业技术创新的风险，引导医药企业开展更多的创新活动。除此之外，还要在政策制定中处理好两对关系：

第一，处理好科技自立自强与人民健康的关系。我国为了实现医药产业转型升级，必须强调科研机构与企业科技自立自强，而为了支持独立创新，打破研发投入低→产品竞争力低→国际竞争力低→市场份额小→利润低→研发再投入乏力的下行螺旋，必须要推广国产创新药的应用。然而，从人民群众健康的角度考虑，临床对国外产品有着大量需求，而这在一定程度上决定着我国医疗必须依赖进口，甚至是鼓励进口，但这限制了对本土企业技术创新能力提升的市场拉动作用。

第二，处理好企业技术创新与产业发展的关系。一般来说，促进产业创新驱动发展的政策措施，往往也能够促进企业技术创新能力提升；反之亦然。然而，两者的关系如同局部与整体，整体大于局部之和，局部受整体制约，当个别企业

技术创新能力走在前面时，如果产业技术创新能力没跟上，这反过来会制约个别企业技术创新能力的进一步提升。此外，我国医药产业长期以来存在市场结构过于碎片化等顽疾，即便是发展多年的化学药行业，仍处于企业过度竞争阶段，这种市场结构通常来说不利于企业技术创新，面对国际上已形成寡占的市场结构更处于被动地位，如要企业技术创新能力得到长远发展，获得国际竞争力，必须牺牲产业短期发展的利益，淘汰一大批"僵尸企业"，经历产业转型升级的"阵痛"才可成功。

二、顶层设计：促进企业技术创新的发展战略与路径

面对新机遇与新挑战，我国应结合医药产业发展实际，紧紧围绕促进企业技术创新，建立激励创新的体制机制，鼓励全产业提高研发投入，形成自主创新的良性循环，实现产业的创新驱动发展。在价格调节供需均衡的目标下，发展路径如图 14-1 所示。

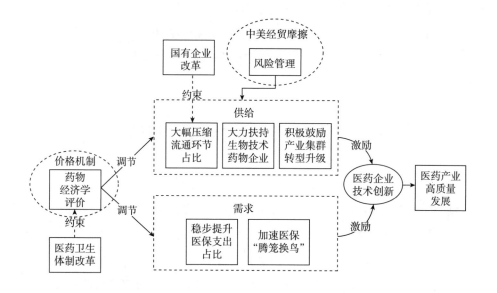

图 14-1 促进我国医药企业技术创新的顶层设计

要理顺药品定价机制，价格要能够反映创新价值，能够激励企业创新。刘明和刘国恩（2012）通过分析我国药品价格管制情况，提出应对新药和专利期内的垄断药品实施药物经济学评价，将评价结果作为药品购买方与制药企业谈判协商价格及采购量的科学依据，鼓励药品创新和研发投入。

在供给方面，要加强产业转型升级。一是在国有企业改革约束下，大幅压缩流通环节的利润，减少医药商业对医药工业的冲击。二是为适应新的生命科学技术潮流与新的全球创新模式，大力培育生物技术医药企业，对真正具有国际竞争力的企业进行有效识别，从多个层面进行大力扶持，组织层面主要包括风险投资的深入管理、人才团队的组建等；环境层面主要包括融资环境的改善、研究机构经费使用的限制、监管效率的提升等，以及转向以效果为导向的保险体系（生物药与化学药相比有着更加明确的靶点和机理，因此生物新药能够很快得到医保系统的认可）；产业层面主要体现在促成与大企业基于优势与需求互补的良好合作，大企业发挥市场导入与渠道的商业优势，小企业开展高风险、基因治疗、基因组学、基于结构的药物设计，共同抓住生物技术进步的机会。三是在目前单家企业的国际竞争力较弱的情况下，注重发挥产业集群的组织优势，积极鼓励上海张江等有条件的产业集群率先转型升级，构建互利共赢的创新网络，增加集群的正向外部性，打造"抱团作战"的国际竞争力。

在需求方面，在医药卫生体制改革框架下，稳步提升医保支出占比，加速医保"腾笼换鸟"，发挥我国强大医药国内市场对创新的激励作用。

三、重点发展生物技术医药行业

结合中美两国 Biotech 竞争力差距的原因，主要针对我国 Biotech 成长风险来源、对我国产业创新发展的不利方面，提出如下对策：

第一，大力推动产业集群转型升级。这是为了实现我国 Biotech 创新网络本地化，从而实现 Biotech 对我国医药产业创新能力提升作用的关键路径之一。以英国为例，虽然很多重要的创新是由英国科学家做出的，但美国的 Biotech 占据了行业优势地位，后来英国 Biotech 则是通过形成若干集群，逐渐获得了比较竞争优势，并与美国大型药企建立了合作关系（Cooke, 2001）。因此，要通过平台设施共建共享、及时推送政策、搭建活跃社群等举措，提高内部资源配置效率、降低内部交易成本，打造全球开放程度最高、创新主体最多元、协同效应最好的医药集群。

第二，全面塑造人力资源新优势。中美两国 Biotech 企业竞争力差异的根本原因在于美国的人才优势，这也是美国生物技术医药行业半个世纪的发展所具有的独特驱动力。借鉴美国经验，一是要培养与吸引全球顶尖科学家。坚持将科技自立自强作为医药产业发展的战略支撑，巩固提升高等院校及科研院所现有技术优势，在全球抢占领跑地位，号召广大科技工作者提升科学雄心，加强创造性思辨能力，研究提出新理论与新路径，勇于探索生命前沿科学无人区，取得更多高水平的原创成果。招引海内外高层次人才和团队，建立完善"高精尖缺"人才引进机制，厚植我国国际高层次生物人才施展才华与抱负的土壤，以更大的事业格局、更高的国家礼遇吸引一批高层次战略科技人才、科技领军人才、创新团队。二是要培养高级复合型人才。面向科研院所，选拔若干掌握核心技术、产业化思路清晰、跨界能力强的科研人员，依托实力雄厚的教学机构，提供市场、金融、管理等方面的专业培训，储备一批出身科研界，兼具企业经营管理技能的复合型人才。面向创业者，引入具备对接国际创新资源能力的众创空间、创客工场、众包平台等创新创业服务机构，围绕团队组建、市场营销、产品定价、股权设计、行业监管等内容提供培训，完善创业者的知识结构和技能储备，帮助创业者未来向企业家、管理者、投资人等不同职业身份转变。三是要注重打造生命科学科技社群。打通人才流动渠道，创造条件让科学家、企业家、职业经理人在高校、科研机构和企业之间有序流动，推动我国科学家增强企业家精神，企业家增强科学家精神，助推我国生物医药人才不断提升综合素质，为彼此对话打好基础。促进科研院所与企业的沟通交流常态化，定期举办面向学术带头人与企业家的沙龙、茶话会、研讨会，以及科学家走访企业、企业家重返校园等活动，为技术开发与产业化紧密结合营造氛围、创造机会。

第三，优化我国医药产业结构。同"大力推动产业集群转型升级"一样，这也是为了实现 Biotech 对我国医药产业创新能力提升作用的关键路径之一。与美国相比，我国目前整个医药产业结构欠优，无法适应全球创新模式与激烈的国际竞争，亟须构建大中小企业融通创新的格局。一是要提升龙头企业资源配置水平。深度推进混合所有制改革，激发国有医药企业创新活力，鼓励民营医药企业参与国有医药企业改革，不断增加我国医药经济民营成分；鼓励通过兼并重组等方式，形成一批拥有拳头品种、聚焦主业、核心能力强的新型医药企业，大力推动形成国际医药巨头。组织传统大型医药企业学习国际 Pharma 管理实践案例，加强全球竞争思维，大幅提升全球资源配置水平，支持我国龙头企业与国内外Biotech 开展合作，遏制我国创新资源外流，并争取全球创新成果为我国所用。二是要开放本土生物医药创新网络。鼓励生物技术医药企业与我国龙头药企、大学、科研机构、投资机构加强合作。对与本土龙头药企、科研机构开展技术合作的 Biotech，按合同交易金额一定比例给予奖补，增加我国本土创新网络的吸引力与黏着力。鼓励科研机构主动融入国内外生物药创新网络，在开放合作中提升自身研究能力，成为全球创新网络的重要节点。三是要孕育土生土长的 Biotech。通过加快发展一批新型研发机构、鼓励科研机构与优势企业合作、构建协同开放的公共服务平台等具体举措，加强我国产学研合作创新；与此同时，加快建设生物技术领域小微企业创新创业公共服务平台，完善创新型生物医药企业全过程孵化服务链条，孕育一批 Biotech。

第四，促进创新产品实现社会价值。一是探索转向以效果为导向的保险体系，建立创新与价值实现的无缝连接，为 Biotech 创新能力提升解除后顾之忧。二是以直接奖补、低息贷款等多种激励方式间接理顺现有价格机制，形成国际先进的、充分体现创新价值的科学定价，拉动全产业提高研发投入。三是鼓励商业健康保险发展，与民营医疗机构加强合作，对于拥有自主知识产权的新药，积极拓展应用范围。四是允许在指定医疗机构内提供已获发达国家或地区主管机构批准的前沿医疗治疗服务，满足干细胞、细胞治疗等领域的临床需求。五是鼓励医疗机构加大对疗效确切、质量可控、供应稳定的创新医药的采购比重与临床应用。

第五，加强中美科技脱钩风险管理。为了应对美国出招，我国应知己知彼，对中美医药"科技战"的重点领域和未来演化趋势进行动态研判。一是要抓紧推进能够较快突破的技术，发展本土的实验室仪器与高值医用耗材、医药装备制造业，围绕制药装备核心部件等"卡脖子"、受制于人的领域，启用帅才型科学家承接国家重大任务，推动产业链供应链补短板。二是要面对基础数据库建设等重大任务，储备人力物力财力，未雨绸缪，做好应急预案；培养生命科学顶尖人才团队，造就培养一支我国生物医药科技创新的战略力量。三是要理性看待 Biotech 对我国医药产业创新能力提升的贡献及面临的特殊风险。在行业部门制定实施行业政策、地方政府制定实施产业政策的过程中，不宜过于侧重生物技术医药企业，还要考虑到传统龙头制药企业，否则不利于产业创新能力的提升；尽量避免对与美国牵连甚密 Biotech 的投资，在资金扶持、税收优惠等方面不宜对之过度倾斜。

四、针对企业层面的建议：
我国生物技术医药企业如何做

一方面，加强对美国合作的风险管理。考虑到美国制药巨头在加拿大、欧盟成员国、英国和日本等发达国家已经有着成熟的注册申请、渠道和推广经验，因此我国可以与"一带一路"沿线国家和地区深入开展临床研究、注册申请、销售等方面的务实合作，实现生物技术医药产品与企业"走出去"，开辟新的国际市场空间。面向国内科研机构开展业务合作，与高校、科研院所合作成立研发机构，建设有利于产业共性技术创新的平台，并积极申报各类省级或国家级平台认定，争取省市区级别及国家资金支持，以技术平台建设为切入点融入国内产业创新网络。另一方面，处理好技术创新与成长的关系。与其他行业相比，生物技术与医药产业仍然处于快速增长阶段，但从全球看，生物技术在过去数年快速增长后，本身的增长空间将会放缓，回归到理性的增长空间；过去的发展经验表明，生物技术周期性的繁荣及泡沫，已经成为这一领域发展的规律。[①] 结合这一形势，既要不断提升企业研发投入与创新实力，适当由"中高风险偏好"向"高风险偏

---

① 资料来源于安永公司的《2016 年生物产业报告》。

好"转型，争取在国际舞台上与美国 Biotech 更好地同台竞技，在与 Pharma 合作中获得并保持更大的议价权；也要在不削弱技术创新能力的前提下理性扩张，为应对未来成长需求，可以依托知名商学院，培养市场化、专业化、国际化的高级管理人才，完善企业知识结构。

第十五章 研究结论与展望

一、结论与不足

（一）本书的结论

医药产业对经济社会发展与人民群众健康至关重要。企业是医药技术创新的主体，我国医药企业普遍研发投入严重不足，根本性地决定了其技术创新能力不足，并导致我国产业国际竞争力低下。医药作为特殊商品，不能过度依赖进口，而且医药的技术创新特殊性导致企业无法跟随模仿或集成创新，因此企业技术创新能力不足这一问题成为我国医药产业发展的障碍。国内学者为探索影响我国医药企业技术创新的因素进行了一些研究，这些研究既涉及企业外部因素，也涉及企业内部因素。从几十年的实践看，我国医药企业技术创新投入的严重不足没有实质性改变，仅近年来在生物技术医药这一子行业上有"点"的突破，这就需要重新认识并解释我国医药企业技术创新动力不足的问题并提出应对之策。

本书选择从企业外部的宏观及中观（产业）层面，多层次、多类别、多因素分析医药企业技术创新能力所受影响，并在理论分析和案例设计上与医药产业实际情况紧密结合，充分挖掘可能的影响因素、区分有利与不利影响因素、提炼关键影响因素，以保证研究的系统性、科学性和实用性，为企业和政策制定者决策提供有价值和具备可操作的依据。在理论分析上，本书推导了宏观层次的要素分配，中观（产业）层次的市场、制度如何影响医药企业技术创新，构建了基本理论逻辑，提出了一个"外部因素影响医药企业技术创新"的多层次理论分析框架；而后，通过产业分析与案例分析，得出三点结论：

1. 关于医药企业技术创新的结论

关于医药技术创新：一是除了具备技术创新的一般属性外，与其他行业相比，医药技术创新存在高投入、高风险、高收益、周期长、创新链长的规律，外部规制约束较多，包括行政管理、专利制度、定价、医保等，两者加深了医药企业技术创新的一般属性，这构成了医药企业技术创新的独特性。二是与其他技术密集型行业的技术创新明显不同，医药技术创新，尤其是产品创新对于医药企业成长起着决定性作用，企业无法通过单纯的商业模式或者低成本策略得到良好发展。三是生物技术药是当前发展的热点，也代表了发展的未来，化学药的创新与生物药的创新有着相同的规律，但却有着不同的创新主体来源，全球生物药创新主要由小企业实现，非常依赖宏观环境和产业环境。

关于我国医药技术创新问题：从产业视角看我国医药企业技术创新存在的最根本问题是普遍研发投入低，大企业研发投入也低，这导致了国际竞争力较弱、不利于创新的产业竞争格局等其他问题。而且，研发投入低、国际竞争力较弱、不利于创新的产业竞争格局三者互相关联、彼此加强，形成下行螺旋，进一步导致我国医药企业研发投入低成为了持续多年的根深蒂固的问题。

关于我国医药企业技术创新对产业的作用：中美两国生物技术医药企业对本国医药产业创新能力的作用极为不同。美国生物技术医药企业是连接研究机构与大型药企的重要桥梁，其改变了产业创新模式、推动了产业创新能力提升，但我国生物技术医药企业由于主要与欧美跨国企业合作等原因，无法发挥类似作用，尚不是我国医药产业创新链产业链价值链的重要环节，在我国医药创新生态中的贡献不宜被高估，对我国医药产业创新能力既有有利之处也有不利之处。

2. 关于医药企业技术创新外部影响因素的结论

本书发现，与其他产业不同，医药企业技术创新非常需要良好的外部环境支撑。本书通过分析我国医药企业技术创新的外部环境，充分挖掘了影响我国医药企业技术创新的外部因素，具体而言，要素配置主要包括人才、资金等创新要素配置，医药卫生体制改革，国有企业改革，科技体制改革；市场因素主要包括国际竞争；制度因素主要包括产业政策、行业监管。为了进一步完善本书的多层次理论分析框架，将因素分为不利因素与有利因素，为政策优化提供依据。

基于我国现实的医药技术创新的不利影响因素主要包括：①目前，体制机制对企业技术创新的不利影响因素是政府定价不合理。现行定价机制不能反映创新价值。在医药成本价格管控法、医药流通创收能力强、国有企业以规模考核为导向等多重因素共同作用下，我国医药制造业无法形成创新需要的投入产出良性循环，难以追赶国外先进制药企业的研发力度和持续投入。②医药产业出现了寡占局面，并且将会在未来持续一段时间，生物技术医药行业是医药产业发展的热点与未来，也呈现由发达国家主导的局面，但还没有出现寡占格局。③我国医药产业规模占 GDP 比重，以及医疗卫生支出占 GDP 比重都远低于发达国家，而且我国医药产业以销售额排序的头部企业技术创新能力并不强，那些具有技术创新能力的企业规模不是很大，与国际医药产业头部企业规模与技术创新能力双重领先的情况有本质区别，导致我国企业在全球寡头竞争的格局下更加被动。

本书选取生物技术医药这一子行业，围绕中美两国生物技术医药企业技术创新，进行了比较案例分析，进一步印证了多层次理论分析框架，并且提取了现阶段的关键因素。本书主要发现包括：无论是美国还是中国，有利于创新的审评审批、能够体现创新价值的医保偿付、包括机构投资在内的多层次资本市场、高层次人才与复合型人才是促进生物技术医药企业技术创新的外部重要因素。对于这一特定行业中的企业来说，科研院所、大学、大型药企等构成的创新网络也非常重要。产业环境中的兼并重组对于企业创新也有影响，能够帮助企业的投资者实现退出，增加了投资者的信心，也使产业内创新资源实现了优化整合，提升产业整体的技术创新能力，进一步促进了企业技术创新能力提升。本书找出了导致我国与美国生物药企业技术创新能力差距的根本原因，其在于美国独特的复合型人才优势及体现创新价值的医保制度。美国拥有全球顶尖科学家、高级复合型人才、全球领先的职业经理人文化与队伍，频繁的人才合作与交流促成了技术社群。

通过从多层面、类别（理论概念）、因素（理论概念维度）到因素归纳与分类，再到关键因素提炼的层层递进与深入，本书得出第二部分提出的"外部因素影响医药企业技术创新"多层次理论分析框架的最终修正样式，如表15-1所示。

表15-1　外部因素影响医药企业技术创新的最终修正框架

	层面	类别（理论概念）	因素（理论概念维度）	关键子因素
企业外部	宏观	要素配置	人才、资金等创新要素分配	复合型人才
			医药卫生体制改革	
			国有企业改革	
			科技体制改革	
	中观（产业）	市场	国际竞争	鼓励创新的医保
		制度	产业政策	
			专利、价格、医保	

资料来源：根据本书研究结论整理。

3. 关于激励医药企业技术创新政策优化的结论

基于上述研究过程中的发现，从多层面、多角度提出促进我国医药企业技术创新能力提升的政策建议。本书注重顶层设计，为了加强政策的科学性、系统性与制度性安排，以市场价格调节供需均衡为目标，提出促进我国医药企业技术创新的发展战略与路径。具体包括：要理顺药品定价机制，价格要反映创新价值，这能够激励企业技术创新和加大研发投入，实施药物经济学评价，将评价结果作为政府部门与药企谈判协商价格的科学依据。在供给方面，要加强医药制造业转型升级。在需求方面，医药卫生体制改革过程中，要稳步提升医保支出占GDP的比重，加速医保"腾笼换鸟"，发挥我国医药市场对企业技术创新的拉动作用。本书也注重政策的现实意义，为了加强政策的阶段性与务实性，结合当前医药技术创新的形势，针对我国生物技术医药企业对我国产业创新发展的不利之处，从企业层面和产业层面提出了对策。

本书的创新点与边际贡献：①国内对于"医药企业技术创新"这一交叉领域的研究存在相关学科之间的融合不足，能够较好分析医药技术创新的研究缺乏经济学、管理学的理论深度，能够较好运用经济学、管理学分析工具和方法的研究缺乏对医药技术创新的准确理解。虽然国外文献涉及这一交叉领域的研究数量和内容相对较多较深，但医药企业技术创新高度依赖本国的产业环境与宏观环境，国外研究并不适用我国国情和需要，因此本书是相关主题国内研究成果的重要补充和完善。②本书通篇注重理论联系实践，始终面向医药产业发展实际，来提出、分析和试图解决问题，避免了以往医药企业技术创新经验研究与理论研究结合不足的问题。在理论框架指导下总结我国医药企业技术创新发展情况与外部环境，而后根据产业发展趋势和需要，选择以生物技术医药企业为对象进行比较案例分析，印证外部影响因素并提炼关键外部影响因素；基于我国医药产业与医疗事业实际情况及研究结果提出政策优化建议。以上研究视角、研究对象、研究方法在已有研究中均不具备，整体构成了本书理论研究之外的创新之处。③目前学术界缺乏对我国医药企业技术创新问题的理论研究与分析框架。本书试图将多层面的影响因素及作用机制纳入统一的理论分析框架，作为本书的重要理论创新。

（二）存在的不足

第一，在对医药企业外部因素影响技术创新的研究上，我国缺少公开的成熟的数据库，无法开展科学严谨的定量研究。本书选择了比较案例分析法，虽然在定性上能够深入认识医药企业外部因素影响技术创新的机制，以及提炼外部关键因素，符合本书的研究目的，但是难以分析影响的大小与强度，研究的结论有待进一步检验。

第二，本书主要研究医药企业技术创新，为了追求对医药产业实际问题的针对性，策略性地放弃了一部分研究结论的推广性，但本书的理论分析框架、设计思路、研究方法都可以供其他行业的企业技术创新研究借鉴。

二、未来展望

（一）以创业理论分析生物技术医药企业与产业

与创新相比，创业更强调对机会的追求，而无须考虑所掌握的现有资源情况。为了兼顾化学药行业，本书从创新理论，而非从创业理论出发。但对于众多 Biotech 而言，本身就是创业导向型公司，完全可以用创业理论进行分析。对于大型药企而言，能力内部化之后的一些项目相当于内部创业，与 Biotech 的合作相当于外部创业。美国的一些大型企业如 3M 公司和杜邦公司早在 20 世纪 60 年代早期就已开始在企业内部推行内部创业，鼓励员工创新，取得了很好的效果。内部创业理论与实证研究也伴随着实践而深入。后来，企业组织边界之外的一些创业行为引发了学术界的兴趣，有学者称之为"外部创业"，是作为公司创业的一部分，通过来自外部的方法或创新来复兴大型组织机构，这种外部创业能够通过多种方式达成。大型跨国药企如强生、辉瑞等的孵化计划都可以视为外部创业。未来研究可以将创业理论、模型、框架运用于生物医药行业及企业，或者对大型跨国药企的内外部创业效率进行比较。

（二）丰富内部因素影响医药企业技术创新的分析

从外部宏观与中观层面研究医药企业技术创新的局限在于：无法解释外部环境相同的企业的技术创新积极性与能力大相径庭的现象，因此有必要从医药企业内部考察技术创新。例如，从企业内部的微观层面看，围绕公司治理研究创新的激励约束，有利于挖出企业创新存在的深层次问题（董红星，2010）。适宜的公司治理有利于建立技术创新所倚赖的长效投入机制，因为它会使企业不仅着眼短期目标，也追求长远目标（鲁桐和党印，2014）。不同行业具有不同的技术创新规律进而有着与其规律适配的公司治理。我国医药企业内部治理对技术创新存在一定影响。例如，我国医药企业的股权激励机制存在强度不够、有效期短、业绩考核不全面等具体问题（张靖，2017）。与信息通信等其他技术密集型行业相比，我国医药企业内部治理还存在特殊性。产权性质方面，国有医药企业一般侧重于医药商业，较少深耕医药工业，新药研发投入动力不足。股权激励方面，激励对象多为公司董事、公司高管、核心专业技术人才等，通常比信息通信行业纳入激励的人员范围窄，不敌医药科研院所对人才的吸引力。"两职"方面，我国创新能力较强的医药企业创始人一般来说具备很强的科学背景，有些还是明星科学家，深度参与了公司产品研发，如华大基因的汪建博士、药明康德的李革博士、百济神州的王晓东博士等，也有一些药企引入了非科学背景的职业经理人，如武汉人福药业、复兴医药等，有学者认为，"两职"合一更利于医药企业技术创新战略的实施。

公司治理含义十分丰富，并且随着实践不断拓展。其中，很多维度对技术创新具有影响，学者的研究集中在股权性质、董事会结构、股权激励等维度。在股权激励上，随着实践的发展，对董事会成员和高层管理者的激励方案更加注重薪酬结构而非薪酬水平，具备较高的管理能力的跨国巨头常常采用一套非常复杂的薪酬结构，如采用股票期权与长期期权投资、管理层持股等相结合的一揽子激励措施。职业发展预期、容忍失败等隐形激励也会影响管理者对技术创新的投入。廖中举和程华（2014）发现一次性货币化奖励、科研条件支持、学习培训机会提供等举措有助于提升科技人员的创新积极性。被关注的还有，当薪酬低于同类企业均值时，创新管理者、活动者、实践者会产生不公平感，这会对企业技术创新造成阻碍。对技术创新激励的研究可以将激励措施结构、隐形激励、主体激励差异等纳入考虑。

（三）扩展到对其他国家或其他产业的分析

本书总体上立足我国国情与我国医药产业发展现实，结论不宜进行一般化（Generalized）。但其中一些研究内容，如基本逻辑推导、理论分析框架、产业分析工具、研究设计等，可以扩展到对其他国家或其他产业的分析，以增加研究成果的适用性。

参考文献

［1］Achilladelis B, Antonakis N. The Dynamics of Technological Innovation: The Case of the Pharmaceutical Industry ［J］. Research Policy, 2001, 30 (4): 535-588.

［2］Agha L, Kim S, Li D. Insurance Design and Pharmaceutical Innovation ［J］. National Bureau of Economic Research Working Paper, 2020.

［3］Alexander G C, O' Connor A B, Stafford R S. Enhancing Prescription Drug Innovation and Adoption ［J］. Annals of Internal Medicine, 2011, 154 (12): 833-837.

［4］Arrow K J. The Economic Implications of Learning by Doing ［J］. Review of Economic Studies, 1971, 29 (3): 155-173.

［5］Bokhari F, Mariuzzo F, Bennato A R. Innovation and Growth in the UK Pharmaceuticals: The Case of Product and Marketing Introductions ［J］. Small Business Economics, 2021, 57 (4): 1-32.

［6］Bottazzi G, Dosi G, Lippi M, et al. Innovation and Corporate Growth in the Evolution of the Drug Industry ［J］. International Journal of Industrial Organization, 2001, 19 (7): 1161-1187.

［7］Branstetter L G, Sakakibara M. When Do Research Consortia Work Well and Why? Evidence from Japanese Panel Data ［J］. American Economic Review, 2002, 92 (1): 143-159.

［8］Burgelman. Research on Technological Innovation, Management and Policy

[M] . Greenwich: JAIPress, 2001.

[9] Casper S, Matraves C. Institutional Frameworks and Innovation in the German and UK Pharmaceutical Industry [J] . Research Policy, 2003, 32 (10): 1865-1879.

[10] Chambers D J, Jennings R, Thompson R B. Evidence on the Usefulness of Capitalizing and Amortizing Research and Development Costs [R] . 1998.

[11] Cooke P. Biotechnology Clusters in the UK: Lessons from Localisation in the Commercialisation of Science [J] . Small Business Economics, 2001, 17 (1): 43-59.

[12] Covin J G, Slevin D P. A Conceptual Model of Entrepreneurship as Firm Behavior [J] . Entrepreneurship Theory Practice, 1991, 16 (1): 7-26.

[13] Dahlman C J, Westphal L E. The Meaning of Technological Mastery in Relation to the Transfer of Technology [J] . The Annals of the American Academy of Political and Social Science, 1981, 458 (1): 12-26.

[14] DiMasi J A, Grabowski H G. The Cost of Biopharmaceutical R&D: Is Biotech Different? [J] . Managerial and Decision Economics, 2007, 28 (4-5): 469-479.

[15] Dodgson. Technological Collaboration in Industry [M] . London: Routledge, 1993.

[16] Freeman C. Japan: A New National System of Innovation? [M] . Dosi G, Freeman C, Nelson R R, et al. Technical and Economic Theory, London: Pinter Publishers, 1988.

[17] Galambos L, Sturchio J L. Pharmaceutical Firms and the Transition to Biotechnology: A Study in Strategic Innovation [J] . Business History Review, 1998, 72 (2): 250-278.

[18] García-Manjón J V, Romero-Merino M E. Research, Development, and Firm Growth. Empirical Evidence from European top R&D Spending Firms [J] . Research Policy, 2012, 41 (6): 1084-1092.

[19] Gassmann O, Reepmeyer G, Zedtwitz M V. Leading Pharmaceutical Inno-

vation [M]. Berlin: Springer Berlin Heidelberg, 2008.

[20] Goedhuys M, Sleuwaegen L. High-Growth Versus Declining Firms: The Differential Impact of Human Capital and R&D [J]. Applied Economics Letters, 2016, 23 (5): 369-372.

[21] Grabowski H G. The Determinants of Industrial Research and Development: A Study of the Chemical, Drug, and Petroleum Industries [J]. Journal of Political Economy, 1968, 76 (2): 292-306.

[22] Grabowski H, Vernon J, Dimasi J A. Returns on Research and Development for 1990s New Drug Introductions [J]. Pharmacoeconomics, 2002, 20 (3): 11-29.

[23] Griliches Z. The Search for R&D Spillovers [J]. The Scandinavian Journal of Economics, 1992, 94 (1): 29-47.

[24] Grootendorst P, Hollis A, Levine D K, et al. New Approaches to Rewarding Pharmaceutical Innovation [J]. Canadian Medical Association Journal, 2011, 183 (6): 681-685.

[25] Hsieh P H, Mishra C S, Gobeli D H. The Return on R&D Versus Capital Expenditures in Pharmaceutical and Chemical Industries [J]. IEEE Transactions on Engineering Management, 2003, 50 (2): 141-150.

[26] Karamehic J, Ridic O, Ridic G, et al. Financial Aspects and the Future of the Pharmaceutical Industry in the United States of America [J]. Materia Socio-medica, 2013, 25 (4): 286.

[27] Khilji S E, Mroczkowski T, Bernstein B. From Invention to Innovation: Toward Developing an Integrated Innovation Model for Biotech Firms [J]. Journal of Product Innovation Management, 2006, 23 (6): 528-540.

[28] Lakdawalla D N. Economics of the Pharmaceutical Industry [J]. Journal of Economic Literature, 2018, 56 (2): 397-449.

[29] Loeb P D, Lin V. Research and Development in the Pharmaceutical Industry—A Specification Error Approach [J]. Journal of Industrial Economics, 1977, 26 (1): 45-51.

［30］ Martín-Rojas R, García-Morales V J, Mihi-Ramírez A. How Can We Increase Spanish Technology Firms' Performance? ［J］. Journal of Knowledge Management, 2011, 15 (5): 759-778.

［31］ Michelino F, Lamberti E, Cammarano A, et al. Measuring Open Innovation in the Bio-Pharmaceutical Industry ［J］. Creativity and Innovation Management, 2015, 24 (1): 4-28.

［32］ Miller D, Friesen P H. Innovation in Conservative and Entrepreneurial Firms: Two Models of Strategic Momentum ［J］. Strategic Management Journal, 1982, 3 (1): 1-25.

［33］ Monte A D, Papagni E. R&D and the Growth of Firms: Empirical Analysis of a Panel of Italian Firms ［J］. Research Policy, 2003, 32 (6): 1003-1014.

［34］ Morgan S G, Lopert R, Greyson D. Toward a Definition of Pharmaceutical Innovation ［J］. Open Medicine, 2008, 2 (1): 4-7.

［35］ Motohashi K. A Comparative Analysis of Biotechnology Startups Between Japan and the US ［J］. Social Science Japan Journal, 2012, 15 (2): 219-237.

［36］ Nasierowski W, Arcelus F J. On the Efficiency of National Innovation Systems ［J］. Socio-Economic Planning Sciences, 2003, 37 (3): 215-234.

［37］ North D C, Thomas R P. The Rise of the Western World: A New Economic History ［M］. Cambridge: Cambridge University Press, 1973.

［38］ Nutarelli F, Riccaboni M, Morescalchi A. Product Recalls, Market Size and Innovation in the Pharmaceutical Industry ［R］. 2021.

［39］ Pammolli F, Righetto L, Abrignani S, et al. The Endless Frontier? The Recent Increase of R&D Productivity in Pharmaceuticals ［J］. Journal of Translational Medicine, 2020, 18 (162).

［40］ Paul S M, Mytelka D S, Dunwiddie C T, et al. How to Improve R&D Productivity: The Pharmaceutical Industry's Grand Challenge ［J］. Nature Reviews Drug Discovery, 2010, 9 (3): 203-214.

［41］ Penrose E, Penrose E T. The Theory of the Growth of the Firm ［M］. New York: Oxford University Press, 2009.

［42］Pooja T, Wernz C. Impact of Stronger Intellectual Property Rights Regime on Innovation: Evidence from De Alio Versus De Novo Indian Bio-Pharmaceutical Firms［J］. Journal of Business Research, 2022, 138 (6-7): 457-473.

［43］Powell W W. Inter-Organizational Collaboration in the Biotechnology Industry［J］. Journal of Institutional and Theoretical Economics, 1996 (152): 197-215.

［44］Qiu L, Chen Z Y, Lu D Y, et al. Public Funding and Private Investment for R&D: A Survey in China's Pharmaceutical Industry［J］. Health Research Policy and Systems, 2014, 12 (1): 1-11.

［45］Rodríguez A, Hernández V, Nieto M J. International and Domestic External Knowledge in the Innovation Performance of Firms from Transition Economies: The Role of Institutions［J］. Technological Forecasting and Social Change, 2022 (176).

［46］Rothwell R, Zegveld W. Innovation and the Small and Medium Sized Firm［J］. Social Science Electronic Publishing, 1982, 62 (11): 3734-3743.

［47］Sampat B N. The Government and Pharmaceutical Innovation: Looking Back and Looking Ahead［J］. The Journal of Law Medicine & Ethics, 2021, 49 (1): 10-18.

［48］Scherer F M. Pharmaceutical Innovation［M］. Bronwyn H H, Nathan R. Handbook of the Economics of Innovation. Amsterdam: Elsevier, 2010.

［49］Schuhmacher A, Gassmann O, Hinder M. Changing R&D Models in Research-Based Pharmaceutical Companies［J］. Journal of Translational Medicine, 2016, 14 (1): 1-11.

［50］Staropoli C. Cooperation in R&D in the Pharmaceutical Industry: The Network as an Organizational Innovation Governing Technological Innovation［J］. Technovation, 1998, 18 (1): 13-23.

［51］Stilz H U, B Regenholt S. Successful Pharmaceutical Innovation: How Novo Nordisk Matches Academic Collaboration Models to Business Objectives［M］. Frøland L, Riedel M F, Strategic Industry-University Partnerships. Amsterdam: Elsevier, 2018.

［52］Wakasugi R，Koyata F. R&D，Firm Size and Innovation Outputs：Are Japanese Firms Efficient in Product Development？［J］．Journal of Product Innovation Management，1997，14（5）：383-392.

［53］Wilson A W，Neumann P J. The Cost-Effectiveness of Biopharmaceuticals：A Look at the Evidence［J］．mAbs，2012，4（2）：281-288.

［54］Yang J. Innovation Capability and Corporate Growth：An Empirical Investigation in China［J］．Journal of Engineering and Technology Management，2012，29（1）：34-46.

［55］Zhang X，Nie H. Public Health Insurance and Pharmaceutical Innovation：Evidence from China［J］．Journal of Development Economics，2021（148）.

［56］白旭云，王砚羽，苏欣．研发补贴还是税收激励：政府干预对企业创新绩效和创新质量的影响［J］．科研管理，2019（6）：9-18.

［57］贾友红．我国企业研发投入对经营绩效滞后性影响的研究：以医药制造企业为例［J］．价格理论与实践，2017（4）：155-158.

［58］柴慧婷，刘振明，王志锋．浅析药物创新体系初步建立和中国医药企业创新进展［J］．华西医学，2018（3）：359-363.

［59］陈敬．从医药技术创新的历史发展看技术创新的动力因素［J］．上海医药，2002（3）：121-125.

［60］陈乃用．浙江省医药产业技术创新能力实证分析［J］．现代物业（中旬刊），2012（10）：110-111.

［61］陈收，邹增明，刘端．技术创新能力生命周期与研发投入对企业绩效的影响［J］．科技进步与对策，2015（12）：72-78.

［62］单蒙蒙，尤建新，邵鲁宁．产业创新生态系统的协同演化与优化模式：基于张江生物医药产业的案例研究［J］．上海管理科学，2017（3）：1-7.

［63］董红星．公司治理与技术创新：一个文献综述［J］．科技进步与对策，2010（12）：157-160.

［64］冯立果，王毅刚．创新困境与市场结构：我国制药工业缺乏创新的产业经济学解释［J］．当代经济管理，2009（3）：26-30.

［65］傅家骥．技术创新学［M］．北京：清华大学出版社，1998.

［66］高宏，茅宁莹．我国生物医药产业创新生态系统的构建研究［J］．中国医药生物技术，2019（4）：377-382.

［67］郭旭，孙晓华，徐冉．论产业技术政策的创新效应：需求拉动，还是供给推动？［J］．科学学研究，2017（10）：1469-1482.

［68］韩先锋，惠宁．研发投入对战略性新兴企业绩效影响的异质门槛效应［J］．软科学，2016（4）：56-59.

［69］郝颖，刘星．市场化进程与上市公司R&D投资：基于产权特征视角［J］．科研管理，2010（4）：81-90.

［70］扈婧．创新中心对集群企业技术创新的影响：基于集群创新系统和资源观［D］．广州：中山大学硕士学位论文，2009.

［71］黄永春，李倩．GVC视角下后发国家扶持新兴产业赶超的政策工具研究：来自中、韩高铁产业赶超案例的分析［J］．科技进步与对策，2014（18）：119-124.

［72］吉云，姚洪心．企业家才能与创新机会的动态匹配模型：对企业家创新决策的含义［J］．南方经济，2011（8）：64-74.

［73］江飞涛，李晓萍，贺俊．财政、金融与产业政策的协调配合研究：基于推进供给侧结构性改革的视角［J］．学习与探索，2016（8）：107-114.

［74］姜婷，张保帅．研发投入、股权结构与公司成长性：基于新三板挂牌公司的实证研究［J］．金融理论与实践，2019（4）：102-109.

［75］蒋毅，毕开顺．国际新药创新体系比较及对中国的启示［J］．科学学与科学技术管理，2010（2）：40-45.

［76］解维敏，唐清泉，陆姗姗．政府R&D资助，企业R&D支出与自主创新：来自中国上市公司的经验证据［J］．金融研究，2009（6）：86-99.

［77］金明律．论企业的知识创新及知识变换过程［J］．南开管理评论，1998（2）：22-26.

［78］李彬．我国医药产业技术创新能力评价指标体系构建及其聚类分析［J］．福建中医药大学学报，2013（4）：63-66.

［79］李晨．高技术产业研发投入对技术创新绩效的影响研究［D］．杭州：浙江大学硕士学位论文，2009.

［80］李涛，黄晓蓓，王超．企业科研投入与经营绩效的实证研究：信息业与制造业上市公司的比较［J］．科学学与科学技术管理，2008（7）：170-174.

［81］李万福，杜静，张怀．创新补助究竟有没有激励企业创新自主投资：来自中国上市公司的新证据［J］．金融研究，2017（10）：130-145.

［82］李维安，李浩波，李慧聪．创新激励还是税盾？高新技术企业税收优惠研究［J］．科研管理，2016（11）：61-70.

［83］李晓梅，王伟光，考燕鸣．东北地区医药制造业技术创新能力实证研究［J］．中国科技论坛，2009（11）：39-42.

［84］廖信林，顾炜宇，王立勇．政府 R&D 资助效果、影响因素与资助对象选择：基于促进企业 R&D 投入的视角［J］．中国工业经济，2013（11）：148-160.

［85］廖中举，程华．企业技术创新激励措施的影响因素及绩效研究［J］．科研管理，2014（7）：60-66.

［86］林婷婷．产业技术创新生态系统研究［D］．哈尔滨：哈尔滨工程大学博士学位论文，2012.

［87］刘和东，梁东黎．R&D 投入与自主创新能力关系的协整分析：以我国大中型工业企业为对象的实证研究［J］．科学学与科学技术管理，2006（8）：21-25.

［88］刘明，刘国恩．药物经济学在我国药品定价中应用的定位分析［J］．中国药物经济学，2012（6）：6-9.

［89］刘鹏真，华卉，马爱霞．基于面板数据的我国医药制造业技术创新能力实证研究［J］．中国药物评价，2015（5）：310-314.

［90］刘鹏真，马爱霞．医药产业技术创新能力及其影响因素的比较研究［J］．中国药物评价，2015（1）：59-64.

［91］柳卸林，高雨辰，丁雪辰．寻找创新驱动发展的新理论思维：基于新熊彼特增长理论的思考［J］．管理世界，2017（12）：8-19.

［92］龙小宁，林菡馨．专利执行保险的创新激励效应［J］．中国工业经济，2018（3）：116-135.

［93］鲁桐，党印．公司治理与技术创新：分行业比较［J］．经济研究，

2014（6）：115-128.

[94] 罗伯特. 案例研究设计与方法［M］. 周海涛，译. 重庆：重庆大学出版社，2004.

[95] 罗亚琼，马爱霞. 我国医药上市公司创新能力评价：基于熵权 TOPSIS 法［J］. 现代商贸工业，2013（5）：7-9.

[96] 茅宁莹. 医药企业技术创新能力评价方法探析［J］. 中国药房，2005（13）：970-972.

[97] 彭靖里，邓艺，李建平. 国内外技术创新理论研究的进展及其发展趋势［J］. 科技与经济，2006（4）：13-16.

[98] 彭宜新. 公共政策对国家创新系统影响研究［J］. 科技进步与对策，2009（7）：94-97.

[99] 施伯琰，王英. 基于生命周期的医药产业技术创新特点［J］. 中国药业，2007（24）：16-17.

[100] 石军伟，姜倩倩. 人力资本积累与自主创新：来自中国汽车制造企业的经验证据［J］. 暨南学报（哲学社会科学版），2018（5）：28-44.

[101] 宋凌云，王贤彬. 政府补贴与产业结构变动［J］. 中国工业经济，2013（4）：94-106.

[102] 孙燕，孙利华. 我国政府医药科技投入对企业研发支出影响的实证分析［J］. 中国药房，2011（9）：771-774.

[103] 汤石雨. 企业创新动态效率的演化机理及测度研究［D］. 长春：吉林大学博士学位论文，2008.

[104] 王红悦，茅宁莹. 医药科技成果价值评估方法探析：基于创新价值链的视角［J］. 科技管理研究，2020（18）：80-86.

[105] 王晓东. 百济神州与默克雪兰诺公司签署抗癌药物全球合作开发和销售协议书：专访北京生命科学研究所所长、百济神州创始人王晓东研究员［J］. 中国新药杂志，2013（21）：2463-2465.

[106] 王梓雄. 驱动企业创新的微观机制：一个研究综述［J］. 现代管理科学，2018（8）：70-72.

[107] 吴金希. 创新生态体系的内涵、特征及其政策含义［J］. 科学学研

究，2014（1）：44-51+91.

［108］吴友军．产业技术创新能力评价指标体系研究［J］．商业研究，2004（11）：27-29.

［109］项莹，曹阳．我国大中型医药制造企业的技术创新能力研究［J］．上海医药，2013（3）：49-51.

［110］徐辉，王浣尘，张祥建．研发与自主技术创新：基于上海浦东新区企业数据经验研究［J］．研究与发展管理，2008（3）：16-21+38.

［111］颜鹏飞，汤正仁．新熊彼特理论述评［J］．当代财经，2009（7）：116-122.

［112］杨莉，傅书勇，杨舒杰．辽宁省医药产业技术创新能力实证研究［J］．中国药业，2013（24）：1-3.

［113］杨青生，刘玉玲．医药制造高技术产业时空演化研究［J］．国外医学（医学地理分册），2016（2）：168-176.

［114］杨洋，魏江，罗来军．谁在利用政府补贴进行创新？所有制和要素市场扭曲的联合调节效应［J］．管理世界，2015（1）：75-86.

［115］姚洋，章奇．中国工业企业技术效率分析［J］．经济研究，2001（10）：13-19+28-95.

［116］余明桂，范蕊，钟慧洁．中国产业政策与企业技术创新［J］．中国工业经济，2016（12）：5-22.

［117］约瑟夫·熊彼特．经济发展理论［M］．何畏，等译．北京：商务印书馆，1990.

［118］曾铮．中国医药产业发展概况及其趋势研究［J］．经济研究参考，2014（32）：4-38.

［119］张杰，郑文平．创新追赶战略抑制了中国专利质量吗？［J］．经济研究，2018（5）：28-41.

［120］张靖．我国医药行业上市公司股权激励问题研究［D］．北京：首都经济贸易大学硕士学位论文，2017.

［121］张林格．三维空间企业成长模式的理论模型［J］．南开经济研究，1998（5）：45-49.

［122］张世贤．阈值效应：技术创新的低产业化分析：以中国医药技术产业化为例［J］．中国工业经济，2005（4）：45-52.

［123］张维迎，周黎安，顾全林．高新技术企业的成长及其影响因素：分位回归模型的一个应用［J］．管理世界，2005（10）：94-101+112+172.

［124］张伟．后发国家企业技术创新投入和采纳策略研究［D］．南京：东南大学博士学位论文，2017.

［125］张信东，薛艳梅．R&D支出与公司成长性之关系及阶段特征：基于分位数回归技术的实证研究［J］．科学学与科学技术管理，2010（6）：28-33.

［126］张晔．中国生物技术产业发展研究［D］．武汉：武汉大学博士学位论文，2014.

［127］章家清，张学芬．中国医药制造业技术创新能力实证研究［J］．工业技术经济，2015（5）：41-48.

［128］赵丹，颜建周，邵蓉．创新药物风险投资基金模式研究：基于信达生物的实证分析［J］．中国新药杂志，2018（10）：1107-1111.

［129］赵筱媛，苏竣．基于政策工具的公共科技政策分析框架研究［J］．科学学研究，2007（1）：52-56.

［130］仲伟俊，梅姝娥．企业技术创新管理理论与方法［M］．北京：科学出版社，2009.

［131］周江燕．研发投入与企业业绩相关性研究：基于中国制造业上市公司的实证分析［J］．工业技术经济，2012（1）：49-57.

［132］周晓东，项保华．意会知识及其在企业内传播的探讨［J］．软科学，2003（3）：23-25.

［133］周艳，曾静．企业R&D投入与企业价值相关关系实证研究：基于沪深两市上市公司的数据挖掘［J］．科学学与科学技术管理，2011（1）：146-151.

［134］朱艳梅，席晓宇，褚淑贞．我国生物医药产业集群的影响因素分析［J］．中国新药杂志，2013（8）：900-904.

［135］庄卫民，龚仰军．产业技术创新［M］．上海：东方出版中心，2005.

［136］宗庆庆，黄娅娜，钟鸿钧. 行业异质性、知识产权保护与企业研发投入［J］. 产业经济研究，2015（2）：47-57.

［137］邹鲜红. 我国医药制造业技术创新效率及其影响因素研究［D］. 长沙：中南大学博士学位论文，2010.

附　录

附录1　访谈提纲

1. 针对政府部门的访谈提纲

(1) 请谈一谈产业的发展现状，目前存在的主要问题有哪些？

(2) 政府有没有制定过产业政策或发展规划？如果有，具体包括哪些内容？

(3) 请谈谈当初制定产业政策或规划的背景和初衷。

(4) 政策制定现在的出发点是什么？主要提供什么服务？将来打算怎么调整？

(5) 资金类政策的优惠是怎样的？对企业是平等开放的吗？

(6) 与企业相关联的机构有哪些，它们有什么贡献？

(7) 政府在扶持产业发展、培育集群创新能力的过程中有什么困难？

(8) 多少企业使用过优惠政策？哪些优惠最受欢迎？

(9) 政策在企业创新能力的提高方面有哪些贡献？能否提供具体数据？

(10) 产业或集群中现在有龙头企业吗？产业发展和它们有什么关系？

2. 针对医药产业集群/园区的访谈提纲

(1) 请谈一谈产业集群/园区的概况，如形成背景、发展历程和组织结构等。

(2) 产业集群/园区的主要企业是如何产生的？其他企业的来源是怎样的？

（3）产业集群/园区目前的平台都有哪些？都是如何运营的？

（4）产业集群/园区现在有几个管理机构？分别提供什么服务？

（5）政府、大学和科研院所、行业协会、集群/园区对企业来说扮演什么角色？

（6）产业集群/园区的产生和发展对当地企业有什么贡献？有具体数据提供吗？

（7）产业集群/园区在这些年的发展过程中遇到什么困难？

（8）产业集群/园区对政府、大学和科研院所、行业协会、企业有什么期望？

（9）产业集群/园区的发展规划是什么？

3. 针对医药企业协会的访谈提纲

（1）贵组织成立的使命是什么？在产业中担任怎样的角色？

（2）贵组织与地方政府有什么关系？是否有长期的合作？合作的频率如何？

（3）贵组织与中央政府有什么关系吗？贵组织是公益性的吗？

（4）贵组织与企业和其他组织有什么关系吗？

（5）贵组织对企业的创新有什么贡献吗？能否提供一些数据？

4. 针对典型医药企业的访谈提纲

（1）请谈一谈贵公司的发展现状。贵公司目前在产业中的地位如何？

（2）贵公司在技术创新方面主要都有哪些投入？取得了哪些成效？

（3）贵公司在技术创新方面有什么瓶颈？需要哪些方面的支持？

（4）如何看待科研机构？同科研机构有合作吗？

（5）如何看待产业集群？享受过产业集群什么服务？

（6）政府在贵企业的技术创新过程中起到什么作用？

（7）贵公司在技术创新过程中，所需资源一般都从何处获得？

（8）政策应该在哪些方面有所改进？

（9）贵公司认为产业政策因为哪些原因影响了实施的效果？

（10）贵公司认为内部哪些方面影响了技术创新？

附录2　调研对象一览

	重点企业	科研机构	产业集群	政府部门
国家层面				
	中国医药集团 有限公司 华润（集团） 有限公司	中国科学院 中国医学科学院 中国人民解放军 军事医学科学院	—	国家卫生健康委员会 国家食品药品监督 管理总局 国家中医药管理局 国家工业和信息化部 科学技术部
地方层面				
上海	—	—	上海张江生物 医药产业园	药监、卫健、 科技、工信、 发改等市委办局
合肥	安徽智飞龙科马生物制药有限公司 合肥立方制药股份有限公司 安徽贝克生物制药有限公司 同路生物制药有限公司 安徽中盛溯源生物科技有限公司 合肥英太制药有限公司 华益药业科技（安徽）有限公司	中国科学技术大学 中科院合肥物质 科学研究院	合肥高新区 合肥经开区	药监、卫健、 科技、工信、 发改等市委办局
哈尔滨	哈药集团有限公司 哈尔滨三联药业股份有限公司 哈尔滨誉衡药业股份有限公司 哈尔滨圣泰生物制药有限公司 哈尔滨市康隆药业有限责任公司	哈尔滨工业大学 哈尔滨医科大学	哈尔滨利民生物 医药产业园	药监、卫健、科技、 工信、发改等市委办局
其他城市	—	—	北京、武汉、泰州、 通化、天津、长沙、 重庆等医药产业集群	药监、卫健、科技、 工信、发改等市委办局

资料来源：根据调研经历整理。

附录3　案例企业深度访谈信息

1. 访谈问题

（1）企业研发投入与国内外研发机构合作情况如何？

（2）我国药品注册审批制度规则与国际接轨情况及改进建议？

（3）我国药品专利保护制度规则与国际接轨情况及改进建议？

（4）"走出去"参与国际竞争与合作、国际贸易等方面的主要方式、成功经验、遇到的困难问题及政策改进完善的意见建议？

（5）已审批上市的创新产品的研发投入及盈亏情况如何？

（6）确定新产品价格主要考虑的因素及具体测算方法依据是什么？

（7）企业产业链供应链情况如何，如本地化率、风险、关键环节等？

2. 深度访谈人员名单

（1）企业高级副总裁、化学部门负责人；

（2）企业总经理；

（3）企业研发财务负责人；

（4）企业高级市场总监；

（5）企业策略市场部高级总监；

（6）企业知识产权部副总监；

（7）企业注册经理；

（8）企业政策事务部高级经理。

后 记

英国著名作家毛姆曾写道："满地都是六便士，他却抬头看见了月亮。"在迈向不惑的年龄阶段，我选择攻读经济学博士，并从政策制定者转型为政策研究者，开启我的"摘月之旅"。在写作本书的几年以来，不仅在学术思维和学术境界上有所提升，还净化出了低调、求真、果敢的人格品质与行事风格，更重要的是，进一步锤炼出了久久为功的信念体系和平静专注的内心力量，这些都是伴随我终身成长的无形财富。

我的求学生涯既充满波折，也多姿多彩，先后获得计算机科学的工学学士学位、管理学硕士学位，而后又在工作期间，获志奋领奖学金赴英留学一年，获得伦敦政治经济学院健康经济学硕士学位。在健康领域的工作与学习，唤醒了我的人文情怀。博士求学期间，我决意完成职业身份的转换，从一名国家部委公务员，正式投身于社会科学研究。出于在我国医药产业工作十余年的丰富经验积累和对如何促进我国医药企业技术创新的好奇心，我坚定选择了本书的研究主题。写一本既对实践有些许指导意义，又能够补充前人研究的专著，实属不易；既要对多个相关学科领域有所涉猎、取其精华，也需要以问题为导向来确定主线，一以贯之、突出重点。历经几年的摸索，最终形成此书，期望能够起到理论与实践紧密结合的示范效果。以此拙作对二十余载的学习生涯画上一个较为完满的句号，这也是我将在技术创新、管理学、经济学的所学所知进行跨界整合的一次尝试。

我要感谢亲爱的家人时刻都在给我无声的支持，随时愿意聆听我在工作与研究双重压力下的倾诉，在我上下求索、勇敢追梦的路上做我平静的港湾，不求我给予"六便士"，这种无条件的爱激励我用更高标准来实现自我价值。

　　另外，我要感谢求学路上的所有老师，对我科研方法和科研品味的指导。感谢经济管理出版社张馨予编辑细致的工作态度与高效的工作作风，和所有帮助本书顺利出版的编辑们的严谨认真，以及调研对象在实地调研中给予的配合与帮助。同时，我还要感谢领导和同事，在平时的讨论交流中，给我一些启发和助益，让我少走一些弯路。

　　本书的出版也意味着我社会科学研究的生涯到了一个崭新的起点，以后可能转向探索经济学与社会学的交叉领域，这更符合人类健康议题的属性。这一路走来要说的感谢太多，难以全面顾及，唯有未来用不断精进的态度踏上征途，创造更多更好的内容才能心安。